Vorwort

Lust auf Glamping? Aber sicher! D [illegible] sich in diesem Jahr noch kreativer, n [illegible] schöner. Glampen ist das neue Campen, nur e [illegible] nem beachtlichen Touch Glamour. Kurz: Boxspringbett statt Isomatte, Küchenzeile statt Camping-Kocher und Designerbad statt Gemeinschaftsdusche. Campingplätze oder private Anbieter überzeugen an den außergewöhnlichsten Reisezielen mit unvergesslichen Alternativen zum altbewährten Stellplatz. Seien es Holzhäuschen direkt am See, Safarizelte mit Blick in die Sterne, luxuriöse Wellness-Tipis, stimmungsvolle Jurten oder Baumhäuser hoch oben in den Kronen – die Ideenvielfalt ist grenzenlos. Und mit Sicherheit wachsen hie und da die Bäume wirklich in den Himmel.

Wünsche bleiben keine offen: Wenn neben der eigenen Nasszelle ein Badefass und eine Flasche Champagner für die ultimative Zweisamkeit stehen, dann ist Glamping in puncto Exklusivität kaum zu überbieten. Es geht beim Glamping aber um weit mehr als um Glamour. Es geht um die Nähe zur Natur. Und um Nachhaltigkeit. Klar, nicht jede Glamping-Unterkunft ist nachhaltig. Aber immer mehr Betreiber schützen die Umwelt und setzen auf Kompost-WCs, Solarenergie oder moderne Bauweisen. Schließlich geht es auch um Bodenständigkeit und Authentizität.

Also nichts wie los zu den 111 Glampingplätzen, die bequem, ästhetisch und weitblickend sind. Die mal mitten im oder am Meer, im hügeligen Gebirge oder in den Alpen, im Wald oder auf der Wiese stehen. Das Konzept des luxuriösen Campings ohne Zelt-Schleppen ist übrigens gar nicht so neu. Schon vor Jahrhunderten erkundeten die Eliten verschiedener Länder in luxuriösen Camps die Fremde. Und auch für edle Jagdausflüge wurden Zeltdörfer errichtet. Heute hat sich das glamouröse Zelten demokratisiert. Heute findet sich für alle ein Glamping-Angebot. Ein Trend, der den Zenit noch lange nicht überschritten hat.

111 Glampingplätze

1 Die Zelthütte | Altenbeuthen (D)
Wasserwandern vom Feinsten | 10

2 Die Dünenlodge | Amrum (D)
Schön und auf Sand gebaut | 12

3 Das Raumwunder | Belau (D)
Klein und luxuriös | 14

4 Der Almkaser | Berchtesgaden (D)
Mit Blick auf den Watzmann | 16

5 Die Bubble-Häuser | Bergsdorf (D)
Sternenklar oben ohne | 18

6 Das Landei | Betzigau (D)
Lokales Holz und edle Werte | 20

7 Der Pipowagen | Dornumersiel (D)
Auf Sand gebaut | 22

8 Das Bubble Tent | Elzach (D)
Traumhaft mit Badefass | 24

9 Das Wooden Tent | Ettenheim (D)
Prickelnd in den Reben | 26

10 Das Rundzelt | Eutin (D)
Märchenhaft am See | 28

11 Das Familienzelt | Falkenberg / Elster (D)
Abenteuer für Kinder | 30

12 Der Schlafstrandkorb | Föhr (D)
Berauschend am Meer | 32

13 Der Skyline Camper | Frankfurt (D)
Die Wolkenkratzer im Blick | 34

14 Das Sternegucker-Zelt | Gerbstedt (D)
Gemeinsam Pferde stehlen | 36

15 Das Blockhaus | Geslau (D)
Unaufgeregt und naturbelassen | 38

16 Das Chateau | Gräfendorf (D)
Bewegt in luftiger Höhe | 40

17 Der Dach-Camper | Hamburg (D)
Als Familie obenauf | 42

18 Der Dünen-Bungalow | Helgoland (D)
Wie Robinson, nur besser | 44

Simone Leitner

111 Glampingplätze, die man kennen muss

111

emons:

Bibliografische Information der Deutschen Nationalbibliothek
Die Deutsche Nationalbibliothek verzeichnet diese Publikation in der Deutschen Nationalbibliografie; detaillierte bibliografische Daten sind im Internet über http://dnb.d-nb.de abrufbar.

Covergestaltung: Karolin Meinert
Lektorat: Julia Lorenzer
Gestaltung: Eva Kraskes, nach einem
Konzept von Lübbeke | Naumann | Thoben
Kartografie: altancicek.design, www.altancicek.de
Kartenbasisinformationen aus Openstreetmap,
© OpenStreetMap-Mitwirkende, ODbL
Druck und Bindung: CPI – Clausen & Bosse, Leck
Printed in Germany 2024
ISBN 978-3-7408-2062-6

19 Der Bubble | Hesel (D)
Romantik an der Nordsee | 46

20 Das Wabenhaus | Hohenkirchen (D)
Einzigartig wie die Bienen | 48

21 Das Glockenzelt | Husum (D)
Mit stilvollem Hofleben | 50

22 Der Glamping-Garten | Kleinblittersdorf (D)
Sonnig in der Biosphäre | 52

23 Das Lotuszelt | Konstanz-Litzelstetten (D)
In erster Reihe am Wasser | 54

24 Die Finnhütte | Leipzig (D)
Stadtnah im Auenwald | 56

25 Das Varia House | Lindau (D)
Zwischen Wasser und Bergen | 58

26 Die Baumchalets | Missen-Wilhams (D)
Innovation in der Höhe | 60

27 Die Öko-Jurte | Münsingen (D)
Rundum schön | 62

28 Das Hexenhäuschen | Naumburg (D)
Märchenhaft und kreativ | 64

29 Der Traumkokon | Neißeaue (D)
Sagenhafte Kulturinsel | 66

30 Das Hausboot | Pleinfeld (D)
Fließend auf dem Wasser | 68

31 Der Troll | Pleinfeld (D)
Vielversprechend im Wald | 70

32 Der Schäferwagen | Sassenberg (D)
Tierisch schöner Galopp | 72

33 's Baumhaus Dörfle | Seelbach (D)
Wie aus dem Bilderbuch | 74

34 Das Schwedenhaus | Selm (D)
Auf Stelzen am Wasser | 76

35 Der Zirkuscamper | St. Wendel (D)
Familienurlaub auf Rädern | 78

36 Der Retro-Camper | Stove (D)
Bunt und an der Elbe | 80

37 Das Domo-Zelt | Sylt (D)
Mitten auf der Insel | 82

38 Das Dachzelt-Dorf | Thulba (D)
Eine kleine Kletterpartie | 84

39 Das Mosel-Zelt | Traben-Trarbach (D)
Himmlisch im Garten | 86

40 Das Finnhaus | Trassenheide (D)
Verwunschen im Kiefernwald | 88

41 Die Holzhütte | Ummanz (D)
Weitsicht auf die See | 90

42 Das Seefass | Utting am Ammersee (D)
Abenteuer und Ruhe | 92

43 Das Bett im Himbeerfeld | Vollerwiek (D)
Zum Anbeißen fruchtig | 94

44 Die Baumhauskugel | Witzenhausen (D)
Rundum in den Wipfeln | 96

45 Das Baumhaus »Otto« | Worpswede (D)
Fellnasen sind willkommen | 98

46 Das Kronenhaus | Althofen (A)
In der uralten Linde | 100

47 Die Holzhütten | Au an der Donau (A)
Am Naturteich schwelgen | 102

48 Das Luxuszelt | Breitenbrunn (A)
Ein echter Hingucker | 104

49 Das Baumhaus | Bruck an der Großglocknerstraße (A)
Stilvoll im Ahornbaum | 106

50 Das Garten-Himmelbett | Dorfgastein (A)
Himmlisch träumen | 108

51 Der Troadkasten | Ebene Reichenau (A)
Ausgezeichnet schlafen | 110

52 Die Baumvilla | Ellmau (A)
Erhabene Baukunst aus Holz | 112

53 Das Romantic Tent | Feistritz ob Bleiburg (A)
Himmlisches Bett im Zelt | 114

54 Das Schindelfass | Going (A)
Historische Nachbarschaft | 116

55 Der Zirben-Heustadl | Grän-Haldensee (A)
Kuschelhütte mit Extras | 118

56 Der Loftcube | Graz (A)
Ganz schön von oben herab | 120

57 Der Igluhut | Kitzbühel (A)
Bio einfach schön | 122

58 Die Almhütte | Kössen (A)
Kleiner Bergzauber | 124

59___ Das Glamour-Zelt | Kötschach-Mauthen (A)
Formvollendet und genussreich | 126

60___ Das Tiny House | Lauterach (A)
Minimalistisch am Bodensee | 128

61___ Das Holzhaus | Mattsee (A)
Herrlich auf dem Holzweg | 130

62___ Das Schilf-Biwak | Millstätter See (A)
Wo der See die Berge berührt | 132

63___ Die Sternenhimmelchalets | Nattenbach (A)
Spielen und schwitzen | 134

64___ Die Lodgezelte | Natters (A)
Die Qual der Wahl | 136

65___ Die Himmelchalets | Nenzing (A)
Luxuriös dem Himmel nah | 138

66___ Das Zauberzelt | Neukirchen am Großvenediger (A)
Mehr Natur geht nicht | 140

67___ Die Seehütten | Rust (A)
Elektroboot inklusive | 142

68___ The Cabin | St. Gallenkirch (A)
Der Natur auf den Fersen | 144

69___ Das Strandhaus | St. Wolfgang (A)
Ab ins kristallklare Wasser | 146

70___ Die Lakeview-SeeLodges | Steindorf (A)
Stilvoll-feiner Geheimtipp | 148

71___ Das Bomhus | Sulzberg (A)
13 Meter über dem Boden | 150

72___ Das Glashaus | Turnau (A)
Der Duft der Pflanzen | 152

73___ Die Jägerhütte | Ulrichsberg (A)
Tief in der Wildnis | 154

74___ Der Airstream | Wien (A)
Ein glänzender Stadtrebell | 156

75___ Das Wohnzelt | Wildermieming (A)
Wohnlich am Schwimmteich | 158

76___ Das Chalet Apfel | Zell am Ziller (A)
Wo Gäste Freunde sind | 160

77___ Das Emmentaler Tiny House | Affoltern (CH)
Dem Kultkäse ganz nah | 162

78___ Das Sahara-Zelt | Bellinzona (CH)
Edel mit echtem Holzboden | 164

79 Der Pod | Bern (CH)
Vor den Toren Berns | 166

80 Das Stelzenbett | Bönigen (CH)
Hoch hinaus | 168

81 Das Tipi | Buochs (CH)
Schön nah am Wasser gebaut | 170

82 Der Family Pod | Disentis (CH)
Kinderfreundlich am Badesee | 172

83 Das Zinipi | Eschenz (CH)
Familiärer Platz mit Herz | 174

84 Das Gondelbett | Fahrni bei Thun (CH)
Im Matterhorn-Express | 176

85 Das Safarizelt Deluxe | Flaach (CH)
Kaffeemaschine inklusive | 178

86 Das Baumzelt | Fräkmüntegg (CH)
Für urbane Überflieger | 180

87 Die Bubble-Suite | Gänsbrunnen (CH)
Romantik auf der Wiese | 182

88 Das Biwak | Genf-Vésenaz (CH)
Stadtnah in erhöhter Lage | 184

89 Das Nomadenzelt | Gordevio (CH)
Erfrischung an der Maggia | 186

90 Die SwissTubes | Gwatt (CH)
In der Röhre schlafen | 188

91 Das Himmelbett | Hüttwilen (CH)
Schlafen unter dem Apfelbaum | 190

92 Die Halbkugel | Ittingen (CH)
Mitten in den Reben | 192

93 Das Pop-up-Dorf | Laax (CH)
Magisch auf der Alm | 194

94 Das Maisbett | Laupen (CH)
Süß ist ein Bett im Mais | 196

95 Die Holzbungalows | Le Prese (CH)
Design direkt am See | 198

96 Die Bison Ranch | Les Prés-d'Orvin (CH)
Western im Jura | 200

97 Das Glückszelt | Lugano (CH)
Mediterran mit Seeanstoß | 202

98 Das Safarizelt | Monte San Giorgio (CH)
Friedlich im UNESCO-Welterbe | 204

99 Die Loggia | Orbe (CH)
Idyllisch an Römerstraßen | 206

100 Das Holzhäuschen | Pontresina (CH)
Wilde Steinböcke in der Nachbarschaft | 208

101 Die Berg-Bubble | Saas-Fee (CH)
Zwischen Himmel und Erde | 210

102 Das Treppenhaus | Saignelégier (CH)
Aussichtsreich im Wald | 212

103 Der Velocamper | Schaffhausen (CH)
Kuscheln mit dem E-Bike | 214

104 Der Geopod | Scuol (CH)
Ein Geheimtipp für Genießer | 216

105 Die Nostalgiewagen | Solothurn (CH)
Gemütlichkeit für Seiltänzer | 218

106 Das Sternhimmelzelt | St. Moritz (CH)
Sternenklar mit transparentem Dach | 220

107 Die Sternwarte | St. Moritz (CH)
Weißt du, wie viel Sternlein stehen? | 222

108 Der Cube | Tenero (CH)
Grenzenlose Architektur | 224

109 Das Designer-Zelt | Vitznau (CH)
Natürlicher Luxus mit Seeblick | 226

110 Der Zirkuswagen | Wagenhausen (CH)
Manege frei für Genießer | 228

111 Das Iglu-Dorf | Zermatt (CH)
Eine unvergessliche Nacht auf Eis | 230

1 Die Zelthütte

Wasserwandern vom Feinsten

Im Thüringer Wald, an der Oberen Saale, liegt dieser schöne Bauernhof mit einem außergewöhnlichen Camping-Angebot: Zelthütten, die besonders toll eingerichtet und geräumig sind. Sie überzeugen mit integriertem Bad und WC. Und auch die luxuriösen Lodgezelte für bis zu sechs Personen beeindrucken. Vor allem der Holzofen im Küchenbereich sticht ins Auge und heizt so richtig ein. Gut für die, die leicht frieren, und verführerisch für die, die gern kochen – eine Küche zum Verlieben. Beste Voraussetzungen also, ein Glamping-Abenteuer wie im Bilderbuch zu erleben.

Aber zurück zum Wasser. Denn das eigentliche Highlight dieses Ortes ist die Lage: Der Hohenwarter Seehof liegt direkt am Hohenwarte-Stausee zwischen Jena und Hof. Das heißt, wer hier wasserwandern möchte, muss nicht lange überlegen, sondern kann gleich starten und paddeln oder rudern. Schließlich befindet sich hier Deutschlands größte Stauseeregion, vielleicht handelt es sich sogar um eine der schönsten Gegenden im Thüringer Wald. Die Saale wurde seit 1932 zur Energiegewinnung und zum Hochwasserschutz künstlich angestaut, so entstand die Saalekaskade mit insgesamt fünf Stauanlagen. Heute liegt naturbegeisterten Gästen eine traumhafte Landschaft zu Füßen. Mit über 70 Kilometer Staulänge ist die Saalekaskade eines der größten künstlichen Gewässer Europas. Und Wasser ist ein Element, das gleichzeitig entschleunigt und aktiviert, inspiriert und entspannt – eine idyllische Landschaft inmitten des »Thüringer Meeres«.

Der Hohenwarter Seehof in Altenbeuthen ist ein typisch thüringischer Bauernhof aus dem 16. Jahrhundert mit einem direkten Zugang zum Hohenwarte-Stausee. Das hofeigene Restaurant ist sehr empfehlenswert. Auf dem Hof leben Dexter-Rinder, Esel, Schweine, Zwergziegen, Gänse, Hühner und Kaninchen. Die komfortablen Zelte liegen etwas erhöht am Waldrand, der Blick auf den Hohenwarte-Stausee ist damit sicher.

Adresse Hohenwarter Seehof, Altenroth 65, D-07338 Altenbeuthen, www.wiesenbett.de | **Anfahrt** auf der A 9 bis Ausfahrt Bad Lobenstein, dann der B 90 Richtung Bad Lobenstein/Wurzbach/Hirschberg/Gefell folgen | **Öffnungszeiten** April–Okt.

2 Die Dünenlodge

Schön und auf Sand gebaut

Mit dem Schiff oder der Fähre im Hafen von Amrum ankommen, ausladen und so schnell wie möglich ein E-Bike mieten. Dann geht's ab auf eine Inselrundfahrt, die alles hält, was die Reiseführer versprechen. Mehr noch: die alle Erwartungen übertrifft. Aber zuerst noch an der coolen Rezeption des Dünencampings Amrum einchecken und die Dünenlodge direkt an der Nordsee beziehen. Die unbehandelten Holzfässer sind gemütlich, bieten ein Doppelbett, eine Kochmöglichkeit und sind mit Strom ausgestattet.

Dann innehalten und tief durchatmen. Denn mitten in den Dünen einer Nordseeinsel zu übernachten und einige Tage hier zu entspannen, ist ein ganz besonderes Abenteuer. Die geräumigen Holzfässer in der Natur sind eine tolle Alternative zum herkömmlichen Camping. Der feine Holzduft in der Nase, der Dünensand unter den Füßen und das Rauschen des Meeres in den Ohren – so wird Glamping auf der nordfriesischen Insel Amrum gelebt. Die Dünenlodges eignen sich perfekt für einen romantischen Aufenthalt zu zweit, einen Familienurlaub oder eine Auszeit unter Freunden. Auf und um Amrum leben rund 10.000 verschiedene Tiere und Pflanzen, die darauf warten, entdeckt zu werden.

Zurück zu den wunderschönen Radwegen von Amrum: Sie führen vom Dünencamping kreuz und quer über die Insel. Vorbei an Restaurants, die Fischbrötchen zum Niederknien anbieten, vorbei an alten und neuen reetgedeckten Häusern, die schon mal zum Selfie verführen, vorbei an Leuchttürmen. Kurz: Wer all die Schönheiten dieser Insel auf eigene Faust erkunden will, ist mit dem E-Bike gut in Fahrt. Und wer im idyllischen Friesendorf Nebel eine Mittagspause einlegen möchte, sollte sich ins Restaurant »Seekiste« setzen und sich die legendäre Fischsuppe gönnen.

Amrum ist eine Insel, die ihre Gäste zufriedener macht. Und wie heißt es so schön: Zufriedenheit ist ein stiller Garten, in dem man sich ausruhen kann.

Adresse Dünencamping Amrum, Inselstraße 125, D-25946 Wittdün auf Amrum, www.camping-amrum.de | Anfahrt mit der Fähre ab Dagebüll oder mit der MS Adler-Express durch das Halligmeer nach Amrum | Öffnungszeiten Frühling – Herbst

3 Das Raumwunder

Klein und luxuriös

Sie alle gehören zum Naturpark Holsteinische Schweiz, zur Bornhöveder Seenkette: der Bornhöveder See, der Schmalensee, der Stolper See, der Schierensee, der Fuhlensee und der Belauer See. Bei so viel Wasser stellt sich die Frage, ob die Qualität auch gut ist. Sie sei sogar ausgezeichnet und nährstoffreich, bestätigen alljährliche Tests. Umso schöner für den Campingplatz Perdoeler Mühle, der direkt am Belauer See liegt. Ein ideales Setting, um einen herrlichen Sonnenuntergang oder einen entspannten Sonnenaufgang zu erleben. Und weil der Campingplatz auf neue Trends besonders ausgefeilt reagiert, beeindruckt er mit einem ausgefallenen Glamping-Angebot: Tipis, Iglus und kleine Häuschen laden zum exklusiven Übernachten ein.

Vor allem die modern ausgestatteten Tiny-Häuser setzen neue Maßstäbe – verzichtet wird hier nämlich auf gar nichts. Zwei Schlafzimmer, zwei Bäder, eine Couch und eine Mikrowelle verraten einiges über den Ausbaustandard und die Annehmlichkeiten mitten im Grünen. Denn schlussendlich hat Glamping auch immer einen direkten Bezug zur Natur. Wie heißt es so schön: In den kleinsten Dingen zeigt die Natur die allergrößten Wunder.

Und genau diese Wunder gilt es zu erkennen und in vollen Zügen zu genießen. Denn luxuriösen Urlaub zu buchen, ist keine große Kunst, höchstens kostspielig. Aber den Luxus in der Natur zu finden, ist unbezahlbar. Vielleicht wird deshalb der Reiz an Tiny-Häusern auf Reisen größer und der Slogan »Klein wohnen, groß leben« zum begehrten und zeitgeistigen Bedürfnis. Die trendigen Minihäuser verkörpern für viele ein neues Urlaubs-, vielleicht sogar Lebensgefühl: nicht mehr höher, schneller und weiter, sondern weniger, bewusster und nachhaltiger. Lust bekommen? Dann nichts wie los auf den Campingplatz Perdoeler Mühle rund 25 Kilometer südlich von Kiel. Apropos Kiel: Das maritime Ambiente macht die Hafenstadt so lebenswert.

Adresse Campingplatz Perdoeler Mühle, Perdöler Mühle 3, D-24601 Belau, www.george-glamp.com/perdoeler-muhle | **Anfahrt** von Kiel auf der A 21 bis zur Ausfahrt Wankendorf und der B 430 bis Belauer Straße in Schmalensee folgen, weiter Richtung Belau | **Öffnungszeiten** ganzjährig

4 Der Almkaser

Mit Blick auf den Watzmann

Der Almkaser verspricht Großes auf kleinstem Raum. Und hält eine ganze Menge: einen herrlichen Blick auf den Nationalpark Berchtesgaden und dessen Bergwelt, Platz für maximal vier Personen, ein Doppel- und ein Stockbett, eine kleine, gut ausgestattete Küche, eine Dusche und ein WC, einen Flachbild-TV, Wi-Fi und noch einiges mehr. Ach ja, der Almkaser ist eine Holzhütte im Camping Resort Allweglehen in Berchtesgaden – und total hübsch. Weil Holzhäuser in den Bergen beliebt und gemütlich sind, macht der Fünf-Sterne-Campingplatz in Berchtesgaden von sich reden: mit Glamping par excellence, wie die geräumigeren und genussvollen Chalets beweisen.

Dass das luxuriöse, familiengeführte Camping Resort Allweglehen die Trends vielfältig und zeitgemäß umsetzt, wird in vielen Annehmlichkeiten sichtbar. Campingplätze mit Pool und Sauna sind keine Seltenheit mehr. Doch hier im Camping Resort Allweglehen wird mit Design, Stil und Extravaganz überrascht – der Pool ist auch im Winter geheizt.

Noch mehr warmes Wasser bietet die Watzmann Therme in Berchtesgaden. Nebst der guttuenden Auszeit sorgt die Thermenlandschaft für eine grandiose Aussicht auf das Watzmannmassiv – eine spektakuläre Kulisse. Aber nicht nur die visuellen Reize werden angeregt, die Alpensole aus dem nahen Salzwerk wirkt als Kraftquell auf den gesamten Organismus. Neugierig, woher die Sole kommt? Ein Besuch im Salzbergwerk Berchtesgaden klärt eindrucksvoll auf. Noch heute wird im Salzwerk Salz abgebaut. Wie eh und je erfolgt der Abbau in sogenannten Sinkwerken. Wie das genau funktioniert, erfahren die Besucher bei der Einfahrt ins Bergwerk. Auf einer 1.400 Meter langen Strecke verkehrt eine Bahn, mit der die Gäste in das Innere des Salzberges gebracht werden. Neben der Bergmannsrutsche ist auch die Fahrt über den unterirdischen Salzsee unvergesslich. Eine wunderbar inszenierte Reise aus der Vergangenheit in die Zukunft.

Adresse Camping Resort Allweglehen, Allweggasse 4, D-83471 Berchtesgaden, www.allweglehen.de | Anfahrt auf der A 10 bis Ausfahrt Salzburg-Süd, dann der B 160 und der B 305 Richtung Berchtesgaden folgen | Öffnungszeiten ganzjährig

5 Die Bubble-Häuser

Sternenklar oben ohne

Vor den Toren Berlins und ganz nah am Himmel: Die Bubble-Häuser der Alpacosi Oase laden zur Weitsicht und Einkehr ein. Bei der Planung und Realisierung stand Nachhaltigkeit im Fokus. So wurde bei der Einrichtung der transparenten Zelte ausschließlich altes Holz vom Familienhof verwendet, die Plane der Zelte aus recycelter Lkw-Plane hergestellt und der Strom durch eine Solaranlage erzeugt. Aber nicht genug: Die autarke Trenntoilette funktioniert komplett ohne Wasser, durch ein Trennsystem werden die Ausscheidungen als natürlicher Dünger genutzt. Alles in allem ein Kreislauf, der Glamping nachhaltig und genussvoll macht. Damit keine chemischen Stoffe in diesen ausgeklügelten Kreislauf gelangen, stellen die Betreiber ihren Gästen biologisch abbaubares Shampoo und Spülmittel zur Verfügung. Das Refugium mit den zwei Zelten ist gut durchdacht, sorgfältig gebaut und liebevoll umgesetzt. Dass bei so viel Naturnähe auch der Garten eine große Rolle spielt, ist fein. Verschiedene Gemüse-, Kräuter- und Obstbeete wurden für die Gäste angepflanzt und dürfen ungeniert genutzt werden. Was für ein Erlebnis!

Auch die Gartenumgebung ist stil- und lustvoll gestaltet. Sonnensegel, Liegestühle und Schatten spendende Bäume geben dem Garten das gewisse Etwas. Stadtflucht? Vielleicht. Denn eine gute Stunde ist die Alpacosi Oase in Bergsdorf von der Bundeshauptstadt entfernt. Kontrastprogramm auf dem Land? Mit Sicherheit. Denn die Auszeit in der Oase kann mit Hypnose oder Klangmassage auf ein neues Level gehievt werden.

Die Stadt Zehdenick im brandenburgischen Landkreis Oberhavel ist schön und geschichtsträchtig. Einst wurden hier Ziegel produziert. 1997 eröffnete direkt an der Havel der Ziegelpark Mildenberg – ein Industrie- und Technikmuseum, das die Geschichte der Ziegelindustrie in Ausstellungen, Führungen und Veranstaltungen lebendig werden lässt.

Adresse Alpacosi Oase, Bergsdorfer Dorfstraße 7, D-16792 Zehdenick, www.alpacosi-oase.de | Anfahrt von Berlin aus über die B 96 oder von Norden auf der A 24 bis zur Ausfahrt Neuruppin-Süd, dann den Hinweisschildern folgen | Öffnungszeiten ganzjährig

6 Das Landei

Lokales Holz und edle Werte

Origineller Name, luxuriöser Ausbau und über den Boden gebaut: Schwebend hängt es in den Bäumen, dieses wunderschöne Holzhaus in Form eines Eies. Das »Landei« im Baumhaushotel Allgäu in Betzigau hält, was der Name verspricht: natürlich mit traditionellen Allgäuer Baumaterialien erstellt, an der Außenseite geschindelt und von oben nach unten komplett rund. Auf Luxus oder Nachhaltigkeit wurde nicht verzichtet. Eine voll ausgestattete Küche mit Spülmaschine, eine Fußbodenheizung, eigens produzierter Solarstrom, Warmwasser und ein Frühstücksservice verbannen den Alltag dorthin, wo er hingehört: weit weg. Auf einer Fläche von rund 38 Quadratmetern ist großzügige Gemütlichkeit garantiert. Vor allem die stilsichere Inneneinrichtung aus heimischem Altholz ist fürs Auge und die Umwelt eine Freude.

Aber nun raus in die Natur. Wie wäre es mit einer kurzen oder längeren Einkehr auf der eigenen Terrasse inmitten rauschender Blätter hoch oben in den Bäumen? Entspannt den Weitblick einfangen, die Höhenluft einatmen und sich vogelfrei fühlen? Nur wer dieses ganz besondere Ambiente in Baumhäusern kennt und liebt, wird sich immer wieder zurückerinnern. Daran, wie die Häuser im Rhythmus des Windes schwingen, wie sie nach Holz riechen, wie die Blicke in die Ferne schweifen. Unvergleichlich anders.

Aber irgendwann lockt auch das schöne Allgäu. Denn das Voralpenland rund um Betzigau hat beneidenswerte Reize: eine Hügellandschaft mit bäuerlichem Charakter, weite Wiesen, beeindruckende Wälder, romantische Bachläufe und versteckte kleine Seen. Kurz: Die Landschaft rund ums »Landei« ist eher sanft und verspielt. Dafür hält sie weite Perspektiven und tiefe Einblicke bereit. Perfekt für die, die kleine Wunder am Wegrand erkennen.

Der große Tourismus ist an Betzigau vorbeigefahren. Und das ist für Naturliebhaber und Waldspaziergänger, für Individualisten und Genussmenschen ein großes Glück.

Adresse Ferienhof und Baumhaushotel Allgäu, Kaisersmad 6, D- 87488 Betzigau, www.baumhaushotel-allgaeu.de | Anfahrt auf der A 7 bis Ausfahrt Betzigau, dann den Schildern Richtung Betzigau folgen | Öffnungszeiten ganzjährig

7 Der Pipowagen

Auf Sand gebaut

Spontan die nötigsten Kleider in den Koffer packen und ab an die See! Auftanken, aufatmen, abtauchen – eine Stranderfahrung der Superlative. Die Nordsee im Blickfeld, zwei Liegestühle am Strand auf der eigenen Terrasse und eine steife Brise um die Ohren – zugegeben, alles Attribute, die nicht an einen Campingplatz erinnern. Vielleicht aber an Glamping direkt am Strand, genauer am Nordseestrand in Dornumersiel. In der Mitte Ostfrieslands, direkt an der Nordseeküste, liegt die Feriengemeinde Dornum mit dem Nordseebad. Ein echtes Kleinod.

Ein einmaliger Ort mit maritimem Flair und lebendiger Fischertradition: Das Nordseebad Dornumersiel begeistert mit seinem Kutter- und Yachthafen am UNESCO-Weltnaturerbe Wattenmeer. Und auf dem Campingplatz stehen diese wunderschönen, nostalgischen Pipowagen. Zirkuswagen, die Träume wahr und Urlaubstage schöner werden lassen. Eine Glamping-Unterkunft, die mit viel Liebe zum Detail und Exklusivität eingerichtet wurde.

Aber noch viel luxuriöser ist die Umgebung. Ein Blick über die Salzwiesen bis zum Horizont spricht Bände. Ein Moment der Ruhe lässt aufhorchen. Einfach dasitzen und zuhören. Aber wem? Natürlich der Natur. Langeweile, Einsilbigkeit oder gar Traurigkeit kommen am Nordseestrand in Dornumersiel nicht auf. Schließlich liegt der Camping zwischen Deich und Wattenmeer. Das heißt, die Gäste spazieren auf dem Meeresboden, beobachten Seehunde, bewundern Sonnenuntergänge, essen Fischbrötchen und zelebrieren die ostfriesische Teezeremonie. Wie heißt es so schön in Dornum? Freilenzen. Das bedeutet aktives Nichtstun bei norddeutscher Gelassenheit. Ankommen, innehalten und durchatmen. Die Gezeiten bringen viel Bewegung, vor allem auf Spurensuche im Watt. Und diejenigen, die die Flut nicht abwarten können, hüpfen schnell ins Meerwasserfreibad neben dem Campingplatz am Nordseestrand in Dornumersiel.

Adresse Campingplatz am Nordseestrand, Am Nordseestrand 1, D-26553 Dornum-Dornumersiel, www.dornum.de | Anfahrt von Oldenburg auf der A 29 bis zur Ausfahrt auf die B 210 Richtung WHV-Süd / Roffhausen / Wittmund / Jever / Schortens, dann den Schildern nach Dornum folgen | Öffnungszeiten Frühling – Herbst

8 Das Bubble Tent

Traumhaft mit Badefass

Ob in einer lauen Sommernacht mit leuchtendem Sternenhimmel oder in einer bitterkalten Winternacht mit dicken Nebelschwaden – das Vergnügen im Hot Tub ist gleichermaßen groß und herrlich. Das Badefass wird mit Holz eingefeuert und lädt zum heißen Spaß ein. Wo? Neben dem wunderschönen Bubble Tent in Elzach, einem staatlich anerkannten Luftkurort etwa 26 Kilometer nördlich von Freiburg im Schwarzwald. Natur und Privatsphäre werden hier großgeschrieben. Der schön arrangierte Ort, auf dem das Bubble Tent steht, diese durchsichtige Halbkugel mit geschmackvoller Einrichtung, wird mit einem stilvoll gedeckten Sitzplatz mit Küche, Grill und ebendiesem Badefass vervollständigt.

Ein Refugium für Verliebte und solche, die es werden möchten. Für Freundinnen und Freunde, die genießen können. Oder für Familien. Gebucht werden die Bubble Tents gern für besondere Anlässe. Für Heiratsanträge, für Hochzeits- oder Geburtstage, für Überraschungen jeglicher Art – festlich wird es allemal. Und naturnah bleibt es immer. Ob mit Champagner oder Bier, ob mit Lachs oder Bratwurst – das Setting dieser romantischen Oase passt sich allen Lagen an.

Und wen nach so viel Romantik die Abenteuerlust lockt, der ist im Schwarzwald goldrichtig: Vom Gleitschirmfliegen bis zum Angeln bietet die Region um Elzach eine ganze Palette an Freizeitaktivitäten. Langeweile kommt nicht auf. Aber auch wer genau diese sucht, wird im Bubble Tent belohnt. Lesen, Sinnieren, Diskutieren, Musikhören und Sternebeobachten finden hier die richtige Plattform.

Luxuriös, naturnah, individuell – das sind nur drei Gründe, warum eine Übernachtung im Bubble Tent ein ganz besonderes Erlebnis ist. Anders als beim klassischen Campingzelt haben die Bubbles eine komplett durchsichtige Hülle, die Grenzen zwischen innen und außen sind fließend. Nachts ist der Blick auf den Sternenhimmel natürlich inklusive.

Adresse Elzach-Yach im Schwarzwald, Dorfstraße 44, D-79215 Elzach, www.book-a-bubble.de | **Anfahrt** von Freiburg im Breisgau kommend auf der B 3 und der B 294 bis Elzach | **Öffnungszeiten** ganzjährig

9 Das Wooden Tent

Prickelnd in den Reben

Wie hört sich das an? Eine gute Flasche Wein öffnen, mitten in den Rebbergen sitzen, über den Walnussgarten blicken und – wenn es Nacht wird – auch gleich an Ort und Stelle in ein herrliches Doppelbett fallen. Und on top: trotzdem noch den Weinberg und den Sternenhimmel sehen. In Ettenheim bietet das Weingut Weber ein Wooden Tent zur prickelnden Übernachtung an. Kein Campingplatz, aber ein Plätzchen für Glamping. Das »Zelt« ist ein kleines Designer-Holzhaus mit Panoramafenster, mobil und trendy.

Dass das Thema Glamping boomt, ist unbestritten. Und dass deshalb auch neue Projekte entstehen, die Luxus mit Natur und Nachhaltigkeit verbinden, liegt auf der Hand. Das Wooden Tent vereint diese beiden zentralen Bedürfnisse nach Naturnähe und Komfort in Vollendung. Der gemütliche zeltförmige Innenraum ist geprägt durch warme Holzoberflächen, eine elegante Möblierung und ein außergewöhnliches Panoramafenster, das eine grenzenlose Aussicht ermöglicht.

Diese Wooden Tents werden in süddeutschen Handwerksbetrieben erstellt und bieten daher eine hochwertige Verarbeitung. Ob diese hohen Qualitätsstandards während einer Nacht eine Rolle spielen? Auf jeden Fall. Denn schon beim Eintreten ist das angenehme Raumklima sofort spürbar. Der feine Holzduft, die bequemen Möbel und die sagenhafte Aussicht auf die Nussbäume sind umwerfend und zum Greifen nah. Apropos Walnuss: Das Weingut Weber hat die größte private Walnussplantage Südbadens mit insgesamt 450 Bäumen. Die ersten Walnussbäume wurden bereits 1950 angepflanzt. Die gesunden Nüsse werden nicht nur verkauft, sondern auch zu einem sehr guten Walnusslikör verarbeitet.

Übrigens: Auf dem Weingut Weber kann nicht nur gut übernachtet und ausgezeichneter Wein gekauft, sondern auch vorzüglich gegessen werden. Marktfrische Küche in Kombination mit dem eigenen Wein wird auf dem Gut gekonnt vereint.

Adresse Weingut Weber, Im Offental 1, D-77955 Ettenheim, www.weingut-weber.com/wooden-tent | Anfahrt von der A 5 bei der Ausfahrt Rust abfahren, dann weiter auf der B 3 bis nach Ettenheim | Öffnungszeiten ganzjährig

10 Das Rundzelt

Märchenhaft am See

Ohne Superlative. Ohne Wenn und Aber. Viel schöner als im Katalog. Direkt am See. So oder so ähnlich beschreiben die Betreiber ihren Naturpark-Camping Prinzenholz in Eutin nahe Lübeck. Klein, fein und persönlich bietet der Platz eine Auszeit fernab des Alltags an. Für Ruhesuchende, Naturliebhaber, Aktive, Familien, Hundefreunde oder für diejenigen, die ihre Liebe zum Glamping gerade erst entdeckt haben – sie alle spüren schon nach einer Nacht: Dieser Campingplatz mit allem Drum und Dran ist genau das Richtige. Nicht mehr und schon gar nicht weniger.

Das märchenhafte Rundzelt mit Baldachin bis zum blauen Himmel, eigener Terrasse, samtweichem Boden, gemütlichem Doppelbett und E-Heizung erinnert – wie könnte es anders sein – an Tausendundeine Nacht, fühlt sich an wie im Märchen. Vielleicht auch wie »Tischlein deck dich«: Besteck, Teller, Tassen, Grill und Co. – alles ist vorhanden. Auch die Bettwäsche ist bei den Glampingzelten inklusive. Noch nicht genug Luxus? Dann ab in die schöne Sauna! Sie bringt die Gäste nicht nur ins Schwitzen, sondern auch in eine entspannte Urlaubsstimmung. Auch Golfer kommen auf dem 18-Loch-Platz Gut Waldshagen nahe dem Naturpark-Camping Prinzenholz nicht zu kurz. Längst sind die Berührungsängste von Camping und Golf überwunden. Längst spielen Camper gern Golf, und Golfer lieben Glamping.

Wer sich in Geduld üben möchte, lässt sich treiben. Zumindest gedanklich auf oder am Wasser. Die Umgebung von Eutin ist ein bekanntes Angel-Paradies. Passionierte aus ganz Deutschland reisen extra dafür in den Norden. Das kristallklare Wasser und der hohe Sauerstoffgehalt in den Binnenseen sorgen für einen großartigen Fischreichtum. Wie wäre es mit Barsch, Brasse, Hecht oder Zander? Angelkarten gibt's übrigens an der Rezeption des Campingplatzes. Aber nur für die, die auch wirklich einen Fischereischein mitbringen.

Adresse Naturpark-Camping Prinzenholz, Prinzenholzweg 20, D-23701 Eutin, www.naturpark-camping-prinzenholz.de | Anfahrt von Kiel kommend oder über die A 1 aus Richtung Lübeck auf der B 76 bis Eutin | Öffnungszeiten April–Okt.

11 Das Familienzelt

Abenteuer für Kinder

Schlafen im Zelt ist für Kinder der Inbegriff von Abenteuer, Geborgenheit und Freiheit. Inmitten von Wiesen, Feldern, Kiefern- und Laubwäldern können sich die Kleinen direkt am Kiebitzer See nicht nur austoben, sondern auch kreativ tätig sein. Ein See mit schönen Stränden zum Sonnenbaden, Schwimmen, Spielen, Lesen oder einfach nur zum Faulenzen. Wer Sport treiben oder sich auf kulturelle Pfade begeben will, sollte hier haltmachen, in dem herrlichen Erholungsgebiet zwischen Schwarzer Elster und Elbe am Stadtrand der südbrandenburgischen Stadt Falkenberg. Dass sich am Ufer des Sees auch der Trend Glamping durchgesetzt hat, versteht sich von selbst.

George Glamp heißt das Resort und macht auch Familien glücklich. Die komfortablen Tipis und Safarizelte heißen Alabama, Missouri und Illinois oder Simba, Kiara und Nala, haben alle ein Doppelbett sowie Einzelbetten und Raum zum gemütlichen Zusammensein – wer einmal hier Urlaub gemacht hat, kommt wieder. Und weil Glamping mitten in der Natur stattfindet und diese mit jedem Atemzug auch eingeatmet wird, braucht es noch einen Rest Abenteuer. Kochgelegenheiten und sanitäre Anlagen befinden sich außerhalb des Tipis. Oft ist es genau das, was Kinder lieben. Denn etwas außergewöhnlich muss Urlaub schon sein.

Der Kiebitzer See, auch Kiebitzsee genannt, hat eine spannende Geschichte: Ab 1922 wurde dort Kies abgebaut. Danach, Ende der 1960er Jahre, entstanden das Strandbad, Gaststätten und eine Bungalowsiedlung. Heute ist der See eine Oase der Erholung. Neben dem Schwimmer- und dem Nichtschwimmerbereich begeistert das Seegebiet auch an Land. Ausgebaute Wander- sowie Radwege laden zu herrlichen Spaziergängen oder entspannten Radtouren rund um den See ein. Fahrräder, Pedal-Gokarts, Tretboote, Kanus oder SUPs können bei einer Ausleihstation gemietet werden. Und auch für Angler stellt der See ein kleines Paradies dar.

Adresse George Glamp, Hörsteweg 5, D-04895 Falkenberg/Elster, www.george-glamp.com | Anfahrt von Leipzig aus auf der B 87 und der B 183 bis zur Flugplatzstraße in Koßdorf; von Dresden aus die A 13 bis Ausfahrt Ortrand nehmen und der Beschilderung Richtung Falkenberg/Elster folgen | Öffnungszeiten ganzjährig

12 Der Schlafstrandkorb

Berauschend am Meer

Vertikale Streifen in Weiß und Taupe, passendes Faltdach, schönes Rattangestell und in Poleposition am Strand: Das sind die Schlafstrandkörbe, die auf riesiges Interesse stoßen. Vermietet werden die idyllischen Schlafgelegenheiten auf der nordfriesischen Insel Föhr. Dort, wo kilometerlange Sandstrände auf mildes Klima treffen. Dort, wo Meeresrauschen zu schöner Musik wird. Es tönt nicht nur nach Karibik, Föhr wird tatsächlich die »Friesische Karibik« genannt.

Föhr ist eine Insel, die ihre Traditionen hochhält und dabei den Zeitgeist nicht ausblendet. Mit Schlafstrandkörben holt Föhr seinen Gästen die Sterne vom Himmel. Am Strand bei Nieblum stehen zwei Schlafstrandkörbe, die eine unvergessliche Nacht versprechen. Mit oder oben ohne: Das Faltdach kann geschlossen oder offen gelassen werden. Das Meeresrauschen ist so oder so inklusive.

Beim Südwester Kiosk oberhalb des Strandes wird nicht nur der Schlüssel für den Schlafstrandkorb abgegeben, vielmehr gehen dort auch Fischbrötchen und weitere regionale Spezialitäten über die Theke. Die Atmosphäre ist entspannt, die Sitzgelegenheiten im Sand sind herrlich. Doch wenn der Kiosk um 19 Uhr schließt, beginnt die Sommernacht am Strand erst so richtig. Die Maße des Strandbettes sind nicht riesig, aber auf einer Breite von 1,30 Metern und einer Länge von 2,40 Metern können zwei Personen eine Nacht verbringen, die lange in Erinnerung bleiben wird.

Seit Juni 2016 sind die Schlafstrandkörbe auf dem Markt: an der Nord- und Ostsee, in Hotelanlagen und Campingplätzen, an Seen oder in Gärten. Die Gäste sind begeistert von dieser außergewöhnlichen Übernachtungsmöglichkeit – die Auslastung liegt bei 90 Prozent. Eine Innovation, die nachhaltig Furore macht. Realisiert wurde die Idee mit touristischen Partnern, der Tourismus-Agentur Schleswig-Holstein und der Stiftung Mensch – eines der größten Sozialunternehmen in Schleswig-Holstein.

Adresse Schlafstrandkörbe beim Goting Kliff, Höhe Klafwai, D-25938 Nieblum; auf Höhe des Kleinen Kurmittelhauses, D-25938 Utersum, www.foehr.de/schlafstrandkorb | **Anfahrt** Insel Föhr mittels Fährbetrieb via Anleger in Dagebüll erreichbar | **Öffnungszeiten** während der Sommersaison

13 Der Skyline Camper

Die Wolkenkratzer im Blick

Idyllisches Camping und pulsierende Großstadt, eine eher seltene Symbiose, ein Novum. Und zusätzlich noch die Frankfurter Skyline vor der Nase, das ist wirklich spektakulär. Doch nicht genug der Superlative, auf dem höchsten Campingplatz von Frankfurt wird Übernachten zum Spektakel. Ganz exklusiv, nur zwölf Zelte mit Barbecue, Lagerfeuer, Gitarrenmusik – just Chill-out mit dem erwähnten Skyline-Blick. Eine Spinnerei? Eine Eintagsfliege? Nein. Dieses Angebot macht seit einigen Jahren richtig Furore. Nur eine Nacht – Exklusivität pur. Aber auch Reduktion. Wer kommt, bringt seinen eigenen Schlafsack mit, sein Kissen und auch Decken. Aber für alles andere ist gesorgt: unplugged, ungekünstelt und unbeschwert. Das Erlebnis inmitten der Wolkenkratzer ist nicht nur außergewöhnlich, sondern durch diese gemütliche Atmosphäre auch sehr zeitgeistig. Denn sogar eine Großstadt kann zu Entspannung, zu einer Einkehr einladen – es ist immer eine Frage der Perspektive.

Kurz: Der Standort, die Aussicht und das Ambiente sind unfassbar toll und sehr exklusiv. Skyline Camping ist eine der ausgefallensten Übernachtungsmöglichkeiten in der Main-Metropole und schnell ausgebucht. Einmal im Jahr werden diese Zelte für wenige Tage auf dem Dach des Einkaufszentrums Skyline Plaza aufgebaut, um den Gästen einen Abend und eine Nacht zwischen den hohen Wolkenkratzern im Europaviertel zu bieten. Die Nachbarn sind übrigens stattliche Überflieger: Der Messeturm und der Grand Tower trumpfen auf.

Wer nach so viel Großstadt-Flair und hochragenden Wolkenkratzern etwas Bewegung braucht, kann sich im David Lloyd Club bei Fitness, Wellness und Day Spa ausgiebig austoben und anschließend verwöhnen lassen. Der Eintrittspreis ist für Skyline-Camping-Gäste reduziert und rundet das Abenteuer mit einem wohltuenden Angebot ab. Die Dusche des Clubs dürfen die Camping-Gäste übrigens umsonst benutzen.

Adresse Skyline Plaza Frankfurt, Europa-Allee 6, D-60327 Frankfurt, www.skylinecamping.de | Anfahrt vom Hauptbahnhof Frankfurt am Main mit Bus M46 bis zur Station Den Haager Straße, Ziel 70 Meter von der Station entfernt | Öffnungszeiten Juli und Aug.

14 Das Sternegucker-Zelt

Gemeinsam Pferde stehlen

Sternegucker und Pferdeliebhaber aufgepasst: Das Bubble Tent, diese transparente Halbkugel auf dem Reiterhof Gut Bösenburg in der Kleinstadt Gerbstedt im Landkreis Mansfeld-Südharz in Sachsen-Anhalt, ist einmalig. Etwas abseits und doch mittendrin. Seit rund zwei Jahren können Gäste auf Gut Bösenburg nicht nur reiten, sondern auch die Sterne vom Himmel holen. Im Bubble Tent lässt sich luxuriös im Doppelbett die Aussicht und die Nacht genießen. Romantisch, unbeschreiblich anders und vor allem ganz nah bei den Pferden.

Seien es Einzelreitstunden für Kinder und Erwachsene oder Reiterferien – Gut Bösenburg entspricht dem Traum von so manchem kleinen und größeren Mädchen. Egal, ob Anfänger, Fortgeschrittene oder Ambitionierte, wer Traben oder Galoppieren lernen will, ist hier goldrichtig. Und für diejenigen, die ihre Zeit weder bei Reitstunden noch im Pferdestall verbringen möchten, empfiehlt sich eine tierische Wanderung der besonders flauschigen Art: mit den hofeigenen Alpakas. Wissenschaftlich *Vicugna pacos* genannt, gehört das Alpaka zur Familie der Kamele *(Camelidae)* und zur Ordnung der Paarhufer. Legendär und sehr beliebt sind die Tiere wegen ihrer warmen und sehr weichen Wolle. Ein Material übrigens, das neben Seide und Kaschmir zu den kostbarsten der Welt zählt und in Südamerika auch als »Vlies der Götter« bekannt ist.

Alpakas sind als Begleiter auf einer Wanderung äußerst süß und garantieren eine hinreißende Zeit. Nach dieser Begegnung wird schnell klar, warum sie in den letzten Jahren zu Trendtieren geworden sind. Ihre runden Kulleraugen, das weiche Fell und dieser hübsche gebogene Mund, der das Alpaka lächeln lässt, kennen keine Konkurrenz in Sachen Niedlichkeit. Auf Gut Bösenburg wird Glamping im schönen Bubble Tent liebevoll und tierisch schön umgesetzt. Ein wahres Glück für Individualisten: Im angrenzenden Selbstversorger-Häuschen sorgen Kaffeemaschine, Wasserkocher und Kühlschrank auch kulinarisch für Unabhängigkeit.

Adresse Reitschule und Alpakahof, Steinmetzstraße 24a, D-06347 Gerbstedt, OT Bösenburg, www.gut-boesenburg.de | Anfahrt auf der A 14 Richtung Magdeburg/Halle/München/Berlin bis Ausfahrt Plötzkau, weiter auf der L 74, dann den Schildern Richtung Alsleben, Gerbstedt und Heiligenthal folgen | Öffnungszeiten Juni – Herbst

15 Das Blockhaus

Unaufgeregt und naturbelassen

Hier gibt es von allem viel: von ländlicher Gelassenheit, bodenständiger Gastfreundschaft und naturnahem Campingflair. Aber nicht ohne dabei auf Komfort oder sogar etwas Luxus verzichten zu müssen. Im Norden Bayerns, mitten im Grünen und dennoch nahe der historischen Stadt Rothenburg ob der Tauber, liegt ein ganz besonderer, unaufgeregter und sehr schöner Platz: Camping am Mohrenhof in Franken, umgeben von intakter Natur, sanften Hügeln und tiefen Wäldern. Der Mohrenhof bietet einen erholsamen und zugleich spannenden Campingurlaub. In unserem Fall: einen herrlichen Glampingurlaub.

Denn die sogenannten Wood Space Lodges sind cool und anziehend, stylisch und natürlich, hölzern und intelligent. Kurz: Sie sind designorientiert und naturbelassen. Unauffällig, aber auffällig gut. Und weil der Campingplatz innovativ und vielfältig ist, werden auch Übernachtungen in Zirkuswagen angeboten. Platzsparend und liebevoll sind sie eingerichtet. Sogar mit einem WC schmücken sie sich. Sie wurden rustikal mit Holz und viel Können ausgebaut. Das alles überzeugt sehr. Aber noch besser ist die Lage gleich bei der Alpakaweide. Und mit den originellen Feuerschalen werden hochsommerliche Abende am Lagerfeuer zum Genuss.

Da der Mohrenhof am Badesee liegt, wurde ein Wasserspaß der Extraklasse geschaffen: ein Wakepark. Ganz geschmeidig und gleichmäßig zieht der Lift die Wasserbegeisterten auf dem Brett über den See. Noch keine Erfahrung damit? Kein Problem, es werden auch Kurse für Anfänger organisiert. Die Liftanlage ist bestens geeignet, um erste Erfahrungen auf dem Wakeboard zu sammeln. Bereits nach wenigen Versuchen erleben die Neueinsteiger das einmalige Gefühl, mit dem Brett über das Wasser zu gleiten. Diejenigen, bei denen sich keine Leidenschaft fürs Wakeboarden entwickeln will, krallen sich einfach an einem Reifen fest und lassen sich auf die andere Seite befördern.

Adresse Mohrenhof Franken und SeeKneipe, Lauterbach 3, D-91608 Geslau, www.mohrenhof-franken.de | Anfahrt von Heilbronn auf der A 6 bis Feuchtwangen-Nord, dann auf die B 7 abbiegen, bis Wörnitz und weiter den Schildern Richtung Geslau folgen | Öffnungszeiten ganzjährig

16 Das Chateau

Bewegt in luftiger Höhe

Ob im Chateau, im Stadl, im Castell oder im Chalet – in Gräfendorf im romantischen Spessart, einem der schönsten Naturparks in Deutschland, lässt es sich wunderbar übernachten. Übrigens sind das die Namen der Baumhäuser Seemühle. Die Anlage der Superlative bietet aber nicht nur Luxus, sondern auch Natur pur. Auf zehn Meter Höhe bewegt sich das Holzhaus zwischen den Bäumen im Wind. Ein Gefühl, das die Kraft der Natur spürbar macht. Schon auf der Treppe, die zum Baumhaus führt, öffnet sich eine neue Welt. Und beim Eintreten ins Häuschen zieht der feine Duft von Lärchen- und Zirbenholz vorbei, und das Hüttenfeeling ist perfekt. Kann Luxus so einfach sein? Kann er. Ganz zu schweigen davon, dass alle Baumhäuser hochwertig und individuell eingerichtet sind und über ein modernes Duschbad mit WC, Heizung, Fernseher, WLAN sowie einen freien Blick vom Bett in die Baumwipfel und den Sternenhimmel verfügen. Luxus pur ist auf jeden Fall, dass beim Bau ausschließlich baubiologisch unbedenkliche Materialien verwendet wurden.

Unvergesslich ist auch die Schäferwagen-Sauna. Und da sie sich am Ufer des kleinen Mühlensees befindet, ist die Aussicht sehr reizvoll und der Sprung ins Wasser naheliegend. Reserviert wird sie individuell, so steht einer außergewöhnlichen Zeit mit Privatsphäre nichts im Weg. Und weil diese Zeit bei allen Gästen so begehrt ist, sollte die Sauna bereits einige Tage im Voraus gebucht werden. Es lohnt sich sehr, denn diese Idylle im Einklang mit der Natur zu erleben ist einmalig.

Verträumte Flusstäler, malerische Orte, enge Gassen und romantische Fachwerkhäuser bieten eine schöne Kulisse für sagenhafte Abenteuer. Spannend, welche Märchen und Räubergeschichten im Mittelgebirge Spessart spielen. Eine Spurensuche macht Riesenspaß. Vor allem, wenn Schneewittchen und die Brüder Grimm auferstehen, dann hat sich der Besuch gelohnt.

Adresse Baumhaushotel Seemühle, Seemühle 1, D-97782 Gräfendorf, www.das-baumhaushotel.de | Anfahrt auf der A 66 bis Ausfahrt Bad Orb / Wächtersbach und weiter Richtung Bad Orb / Jossgrund | Öffnungszeiten Frühling – Herbst

17 Der Dach-Camper

Als Familie obenauf

Mitten in der begehrten Hamburger HafenCity, im pulsierenden Geschehen der Hansestadt, auf einem Dach in sieben Meter Höhe: Camping auf dem Hoteldach heißt das Glamping-Angebot im »Prierdrei« und wurde binnen kurzer Zeit zum beliebten Treffpunkt. Für Tagträumer, Nachtschwärmer, Sternegucker, Märchenerzähler und Familienmenschen – die Camper City in Hamburg bietet auf der Dachterrasse drei nostalgische Wohnwagen, die phantasievoll eingerichtet wurden. Ideal für Freundesgruppen und Gäste, die Kreativität zu schätzen wissen und in jedem liebevollen Detail ehrlichen Luxus entdecken.

Die drei Camper heißen Flower Coco, Retro Coco und Hippie Coco und versprechen auf zehn Quadratmetern einen Outdoor-Urlaub mit freier Sicht in den Himmel über Hamburg. Natürlich nicht, ohne auch ausgedehnten Shoppingtouren oder großen Kulturevents zu frönen. So finden Mütter und Töchter, Väter und Söhne oder Großeltern und Enkel immer zusammen. Auch mit unterschiedlichen Reisevorstellungen oder kulturellen Vorlieben ist Konsens garantiert. Natürlich können die Gäste alle Hotelangebote nutzen.

Dass Hamburg Suchtcharakter hat, ist bekannt. Schließlich ist die zweitgrößte Stadt Deutschlands eine der beliebtesten Metropolen Europas. Über vier Millionen Touristen besuchen jährlich die Hansestadt und werden sich nie an der Architektur, der Alster, dem Hafenviertel und der berühmt-berüchtigten Reeperbahn sattsehen. Und für Kinder? Ein Eldorado. Auf einem Spaziergang oder einer Stadtrundfahrt durch die über 100 Jahre alte Speicherstadt gibt es für Familien viel zu entdecken. Die roten Backsteinbauten des Weltkulturerbes stehen auf Eichenpfählen im Wasser und begeistern immer. Und immer wieder. Bei Familienrundgängen erkunden junge und junggebliebene Gäste, wo der Pirat Klaus Störtebeker seinen Goldschatz versteckt hat und was es mit Ebbe und Flut wirklich auf sich hat.

Adresse Pierdrei Hotel, Am Sandtorkai 46, D-20457 Hamburg, www.pierdrei-hotel.de | Anfahrt vom Hauptbahnhof/Kirchenallee mit Metrobus 6 bis Singapurstraße, Ziel in unmittelbarer Nähe der Station | Öffnungszeiten ganzjährig

18 Der Dünen-Bungalow

Wie Robinson, nur besser

Eine Naturschönheit, die zum Träumen einlädt: die Helgoländer Düne. Sie ist der Hauptinsel vorgelagert, eine Badeoase, kurz: ein Naturparadies par excellence. Auf etwa 1.000 Meter Länge und 700 Meter Breite gibt es an zwei wunderschönen Stränden rund 130.000 Quadratmeter feinsten Sand. Vom Tagestourismus fast unberührt, ist die Helgoländer Düne der ideale Ort für Sonnenanbeter, Badenixen, Fossiliensammler und Genießer. Oder ganz einfach für diejenigen, die Ruhe und den intakten Kontakt zur Natur suchen. Und dort stehen sie, diese außergewöhnlichen farbigen und einladenden Bungalows.

Ungestört den Tag genießen, Sonne tanken, die Schiffe ein- und auslaufen sehen – ein Ort voller Magie. Auch für Bewegung und tierisch schöne Überraschungen ist auf der Düne gesorgt. Wer den Strand entlangschlendert, sichtet Seehunde, Kegelrobben und Vögel, die sich ungeniert fotografieren lassen. Einfach tief einatmen und nichts tun – nur die Naturschönheit ohne Alltagsgeräusche wahrnehmen. Sich mit der Landschaft fest verbunden fühlen. Und abends, wenn die Tagestouristen die Insel längst verlassen haben, sind nur noch die Wellen zu hören. Sie schlagen mit diesem wunderbaren Geräusch ans Ufer und lassen uns nie allein. Wenn morgens die Sonne am östlichen Horizont aufgeht, dann wird der Tag wieder schön. Dann verblassen die Geräusche der Wellen im Alltag, das emsige Inselleben nimmt Fahrt auf – bis es wieder Abend wird und feststeht, dass das Leben als Robinson auf Zeit wieder richtig viel Spaß gemacht hat.

Die farbigen Bungalows auf der Helgoländer Düne in Grün, Orange oder Gelb sind komfortabel eingerichtet und bieten einen wunderschönen Anblick. Sie verfügen über ein gemütliches Wohn- und Esszimmer, haben eine voll ausgestattete Küche und ein bis zwei Schlafzimmer. Auf der großartigen Terrasse laden Gartenmöbel zum Entspannen und zu einem Weitblick der Superlative ein.

Adresse Dünendorf Helgoland, Helgoländer Düne, D-27498 Helgoland, www.helgoland.de | Anfahrt während der Sommersaison Fähren von Hamburg, Cuxhafen, Bremerhafen, Büsum und Sylt nach Helgoland, per Flugzeug ganzjährig von Heide/Büsum, Cuxhaven/Nordholz und Uetersen/Hamburg | Öffnungszeiten April–Okt.

19__Der Bubble

Romantik an der Nordsee

Moin! Historische Backsteinhäuser, bezaubernde Landschaften und romantische Radwege – das sind Eigenschaften, die Hesel gut beschreiben. Eine Ferienregion, die Ruhe und Erholung sowie den idealen Ausgangspunkt verspricht, um die gesamte ostfriesische Region kennenzulernen. Ob sportlich ambitioniert oder kulturell interessiert – die Routen sind vielfältig und mitunter magisch. Wer in die Pedale tritt, mobilisiert mit jedem Kilometer reine Lebensfreude und entdeckt viel Neues. Übrigens: Egal, ob mit reiner Muskelkraft oder unterstützt durch Elektroantrieb, die Radwege sind wunderbar ausgebaut und bringen Groß und Klein, Jung und Alt in Schwung. Kein Wunder, dass diese attraktive Umgebung auch ein Ort für außergewöhnliche Übernachtungsmöglichkeiten ist.

Eine besonders aussichtsreiche ist das Bubble Tent im beschaulichen Hesel. Die lichtdurchflutete Halbkugel aus PVC ist nicht nur sehr trendy, sondern auch atemberaubend schön. Diese transparenten Zelte sehen zwar alle ähnlich aus, doch macht der Standort die vielen großen und kleinen Unterschiede. Das Bubble Tent Ostfriesland beispielsweise besticht durch die tolle Lage ganz in der Nähe von Leer. Geschützt steht es auf einem privaten Grundstück, umgeben von imposanten Bäumen. Wie üblich ist auch diese Bubble mit einem sehr bequemen Doppelbett und schönen Sitzgelegenheiten eingerichtet. Besonders bemerkenswert aber sind die Annehmlichkeiten vor dem Zelt: die sichtgeschützte Outdoor-Dusche, die Bio-Humustoilette und natürlich das Hot-Tube-Badefass.

Luxuriös und doch ganz natürlich gestaltet sich dieser Urlaub der besonderen Art – alles vorhanden, nur eben ganz anders. Sehr exklusiv, und der faszinierende Blick direkt vom Bett oder vom Badefass in den klaren Sternenhimmel ist natürlich inklusive. Momente, in denen Rationalisten zu Romantikern und Schnelllebige zu Müßiggängern werden.

Adresse Bubble Tent Hesel, Am Dörphuus 8, D-26835 Hesel, www.book-a-bubble.de/listing/bubble-tent-hesel | Anfahrt auf der A 28 bis zum Autobahnende, dann weiter auf der B 72 zur Oldenburger Straße in Hesel und der Beschilderung Richtung Dörphuus folgen | Öffnungszeiten ganzjährig

20 Das Wabenhaus

Einzigartig wie die Bienen

Sechs Wabenhäuser liegen eingebettet in die Landschaft in Nordwestmecklenburg nahe der Ostsee. Wer Camping mag, Glamping aber bevorzugt, wird diese Wabenhausherberge lieben. Nicht wie die Made im Speck, sondern wie die Biene in der Wabe können sich die Gäste im Innern des originellen Hauses auf und ab bewegen. Sei es von der oberen Schlafwabe in die Wohnwabe, um dann wiederum in die untere Schlafwabe zu gelangen – die Räume sind mit einem kleinen Stufensystem verbunden, das Konzept ist gut ausgeklügelt und behaglich. Die puristische Einrichtung mit Staufläche unter den Betten ist sympathisch und lädt zu einem tollen Erlebnis in schöner und einzigartiger Architektur ein.

Nur etwa 800 Meter vom Strand entfernt und den Ostseeküstenradweg direkt vor der Haustür: Die Natur ist verlockend. Die Attraktionen in der Umgebung sind denn auch üppig. Ganz in der Nähe liegen das Ostseebad Boltenhagen und die Hansestadt Wismar. Dass Wismar zu den ganz Großen gehört, ist bekannt. Ob die Pyramiden von Gizeh, der Grand Canyon oder das Taj Mahal – die Hansestadt Wismar hat eines mit diesen einzigartigen Kultur- und Naturdenkmalen gemeinsam: Sie gehören alle zum UNESCO-Welterbe. Dazu gibt es natürlich spannende Stadtführungen.

Wer es lieber etwas unterhaltsamer oder gar filmreif mag, sollte sich unbedingt auf Spurensuche begeben. Und auf diese brennenden Fragen endlich Antworten finden: Wo trieb die Leiche im Hafenbecken? In welcher Gasse lassen sich besonders gut Verfolgungsjagden drehen? Und wurde die Tatwaffe wirklich hier im Kanal versenkt? Auf der zweistündigen »SOKO Wismar«-Stadtführung werden Geheimnisse gelüftet und verschlossene Türen geöffnet. Für Fans ein absolutes Muss. Denn die Stadtführer gehen mit den Besuchern an Originalschauplätze der erfolgreichen Fernsehserie, erzählen die eine oder andere Geschichte vom Set und plaudern ein bisschen aus dem Nähkästchen.

Adresse Grüne Wiek – Wabenhausherberge, Zur Wiek 4, D-23968 Hohenkirchen, OT Beckerwitz, www.gruenewiek.de | Anfahrt auf der A 20 bis Ausfahrt Grevesmühlen, dann der Beschilderung Richtung Grevesmühlen / Boltenhagen / Mühlen Eichsen folgen | Öffnungszeiten ganzjährig

21 Das Glockenzelt

Mit stilvollem Hofleben

Auf Du und Du mit Mona Lisa? Kein Problem. Auf dem Hof Frida in Husum, im Herzen von Niedersachsen, nicht weit vom Steinhuder Meer entfernt, wohnt Mona Lisa gleich nebenan. Zusammen mit ihrem Freund Manfred. Beide freuen sich auf Gäste aus aller Welt. Denn sie sind neugierig und intelligent, die beiden Lamas. Gern beobachten sie ihre Nachbarn, die im wunderschönen Glockenzelt mitten auf dem Hof übernachten. Die beiden Glamping-Zelte sind nicht nur sehr hübsch eingerichtet und farblich stilvoll abgestimmt, sie sind auch bühnenreif. Auf einer Holzbühne thronen die weißen Zelte ein bisschen erhoben über dem Garten in Poleposition. Umgeben von Wald, Wiesen und Kühen wird die Auszeit im Glockenzelt zum unvergesslichen Naturerlebnis.

1918 wurde der Bauernhof erbaut und wird bis heute bewirtschaftet. Die Glamping-Gäste schätzen das nahe gelegene Steinhuder Meer, das zu Wassersport und zum Fischbrötchen-Essen einlädt. Denn wer nicht gerade den Bauerngarten oder die Hängematten, das außergewöhnliche Frühstück mit den vielen regionalen Leckerbissen oder das Lagerfeuer genießt, der sollte die tolle Umgebung erkunden. Klar, auf dem Hof ist es so schön, dass manche Gäste lieber dortbleiben. Doch es lohnt sich, sich etwas umzuschauen. Und wenn es nur die farbenfrohe Wiese ist. Zusammen mit der Organisation Artenglück wurde eine mehrjährige Blühwiese für die Tierwelt geschaffen. Eine Augenweide für die Gäste, eine Futterquelle für die heimischen Arten. Biene, Schmetterling und Co. fühlen sich hier tierisch wohl.

Dass Malen Freude bereiten, inspirieren und die Konzentration fördern kann, ist bekannt. Ein Malkurs auf dem Hof Frida ist ein ganz besonderes Erlebnis. Hier werden Lamas gemalt – selbstverständlich mit stolzen Models. Die Kurse werden ausgeschrieben und erfreuen sich großer Beliebtheit. Und die erholsamen Nächte im Glockenzelt sowieso.

Adresse Hof Frida, Am Berge 2, D-31632 Husum, OT Bolsehle, www.hoffrida.de | Anfahrt auf der A 2 bis Ausfahrt Porta Westfalica, weiter auf der B 482 Richtung Porta Westfalica/Minden | Öffnungszeiten Frühling – Herbst

22 Der Glamping-Garten

Sonnig in der Biosphäre

Die einen sagen, das Saarland sei hier am schönsten. Die anderen gehen noch einen Schritt weiter und behaupten, es handle sich um eine der schönsten Regionen Deutschlands. Die Rede ist vom UNESCO-Biosphärenreservat Bliesgau. Willkommen in Deutschlands größtem Glamping-Resort! Und in der Tat: So weit das Auge reicht, stehen schöne Holzhäuschen inmitten noch schönerer Natur. Das ganze Refugium ist in unterschiedliche Bereiche unterteilt, die typisch für die regionale Landschaft sind. In den organisch geformten Naturhäuschen der Kategorien Wald-, Sonnen-, Wein- oder Obstgarten fühlen sich die Gäste auf Anhieb geborgen und gut gebettet. Jeder Bereich verfügt über seinen eigenen Charme. Es ist also reine Geschmackssache, welcher Garten der richtige ist.

Die Glamping-Einheiten bieten kuschelige Schlafplätze für bis zu drei Personen – und das mit bemerkenswertem Komfort. Besonders stilvoll und außergewöhnlich sind die Bäder mit Dusche, Waschbecken und Keramik-WCs von Villeroy & Boch. Warum eine so luxuriöse Marke hier eingebaut wurde, ist schnell erzählt: Etwa eine Stunde vom Resort entfernt werden die hochwertigen Produkte mit Weltruf gefertigt. Und weil das Gute und Schöne so nahe liegt, sollte ein Besuch im Outletcenter und im Erlebniszentrum Alte Abtei von Villeroy & Boch in Mettlach unbedingt ins Auge gefasst werden.

Inspiriert vom Luxus des Glamping-Resorts in Kleinblittersdorf, wird die Lust immer größer, das Biosphärenreservat Bliesgau noch besser kennenzulernen. Also nichts wie ab aufs Fahrrad! Der Saar-Radweg oder der Saar-Nahe-Oster-Radweg sind Fernradrouten, die weiter ins Saarland oder bis ins benachbarte Lothringen reichen. Und wer möchte sich schon die Landschaft im Nordosten Frankreichs entgehen lassen? Oder vielmehr die guten Restaurants? Da die Dichte an Michelin-Sternen in der Region ohnehin beachtlich ist, wird dieser Glamping-Aufenthalt ganz schön fein.

Adresse Glamping Resort Biosphäre Bliesgau, Zum Bergwald 6, D-66271 Kleinblittersdorf, www.glamping-resorts.de | Anfahrt auf der A 620 bis zur Ausfahrt Brebach-Fechingen Richtung Kleinblittersdorf/Sarreguemines; aus Frankreich kommend die A 4 bis zur Ausfahrt Sarreguemines nehmen und weiter Richtung Grosbliederstroff | Öffnungszeiten ganzjährig

23 Das Lotuszelt

In erster Reihe am Wasser

Mit Blick auf den Bodensee, direkt am Ufer und ganz nah an der Glückseligkeit: Der Naturcampingplatz Litzelstetten-Mainau liegt in einem Naturschutzgebiet leicht erhöht am Hang und bietet daher eine sagenhafte Aussicht auf die beeindruckende Bergwelt Österreichs und der Schweiz. Doch mit dem Weitblick allein sollte sich hier niemand zufriedengeben. Vielmehr warten Wanderpfade, Wassersportarten, Radwege oder schlicht und einfach Genussmomente auf die Gäste. Kristallklares Wasser, kühle Wälder – eine Umwelt, die es zu schützen gilt. Dieser Campingplatz bietet Vielfältigkeit, Stil und Komfort gleichermaßen. Und natürlich Glamping.

In der ersten Reihe, auf der Wiese direkt am Seeufer, stehen sie, die schönen Lotus-Glamping-Zelte, die auch verwöhnte Urlauber begeistern. Eine Inneneinrichtung, die mit Doppelbett, Schlafsofa und vielen schönen Einzelheiten zu einer romantischen Auszeit einlädt. Kurz: Die herrlichen Kindheitserinnerungen an das einfache Campingzelt werden gekonnt mit glamourösen Annehmlichkeiten gepaart. Auf dem Naturcampingplatz Litzelstetten-Mainau in Konstanz wird mit Wohlfühlambiente wahrlich nicht gegeizt. Doch auf unnötigen Luxus wird hier verzichtet. Dieses Konzept wirkt sich wohltuend und inspirierend auf die Urlaubstage aus. Und die prächtige Landschaft, die den Campingplatz umgibt, ist bemerkenswert und hat als Naturparadies Weltruhm erlangt hat.

Ein Ausflug auf die Insel Mainau ist daher quasi Pflicht. Wenn im Frühling die Farbenpracht langsam zur Höchstform aufblüht, schlagen auch die Herzen der Besucher höher. Aller Besucher. Denn wenn sich Tausende Rosen von ihrer schönsten Seite zeigen und herrlich duften, dann ist kein Halten mehr. Dann wandern Heerscharen von Menschen aus aller Welt verzückt über die verschlungenen Wege der Insel und bewundern Schmucklilien, Bougainvilleen, Sommerstauden, Hortensien oder Lavendel.

Adresse Naturcampingplatz Litzelstetten-Mainau, Großherzog-Friedrich-Straße 43, D-78465 Konstanz-Litzelstetten, Tel. +49/(0)7533/949763, info@naturcamping-mainau.de, www.naturcamping-mainau.de | Anfahrt auf der A 81 Richtung Singen / Lindau / Konstanz, beim Autobahnkreuz Hegau den rechten Fahrstreifen benutzen und auf der B 33 weiter Richtung Konstanz, auf die L 221 abbiegen und der Beschilderung Richtung Mainau / Litzelstetten folgen | Öffnungszeiten März – Okt.

24 Die Finnhütte

Stadtnah im Auenwald

Wie sieht die ideale Symbiose von Natur und Großstadt aus? Vielleicht liegt sie inmitten des idyllischen Leipziger Auenwaldes nur sieben Kilometer von der Stadt entfernt. Hier findet man den neun Hektar großen KNAUS Campingpark Leipzig. Eine herrliche Ausgangslage, um die Natur, aber auch die prickelnde Stadt Leipzig zu erkunden. Die kleinen und gemütlichen Finnhütten für zwei Personen bieten zwar nicht viel Platz, dafür zwei schöne Betten, einen Einbauschrank, einen Tisch und ein paar Stühle. Ein wahres Naturparadies. Der Auensee liegt in der Nähe und lädt zum Baden, Radeln, Spazieren, Angeln und Chillen ein.

Und natürlich zum Bahnfahren. Beinahe ununterbrochen kreist die legendäre Parkeisenbahn Auensee durch die Landschaft. Wenn die Glocke ertönt, dauert es nur wenige Momente, bis sich die Bahn in Bewegung setzt und die Passagiere mit auf eine Spritztour nimmt. Ein Riesenspaß. Spannend ist auch die Geschichte: Am 5. August 1951 wurde die zweite Pioniereisenbahn der DDR in Leipzig in Betrieb genommen. Nach wie vor legt sie auf ihrem Rundkurs eine Strecke von 1,9 Kilometern zurück. Von Anfang April bis Ende Oktober dreht die Parkeisenbahn, eine Lokomotive mit einer Spurweite von 381 Millimetern, über Wiesen und durch dicht bewaldete Strecken ihre Runden. Der Auensee entstand übrigens aus einer Kiesgrube, die Material für den Bau des Leipziger Hauptbahnhofes geliefert hatte.

So viel zur Geschichte der historischen Bahn, die wahrhaft Emotionen auslöst. Und nun zu Leipzig. Leipzig blickt auf eine bemerkenswerte Geschichte zurück. Entscheidende Ereignisse stehen mit dem Namen der Stadt in Verbindung. Doch Leipzig zeigt auch eine dynamische und moderne Seite, ist heute eine bedeutende Wirtschafts- und Kulturmetropole. Das Herz der Stadt und das der Besucher schlägt im rund einen Quadratkilometer großen, wunderschönen und kompakten Zentrum.

Adresse KNAUS Campingpark, Gustav-Esche-Straße 5, D-04159 Leipzig, www.knauscamp.de/leipzig | Anfahrt vom Leipziger S-Bahnhof Slevogtstraße mit Bus 80 bis Leipzig Auensee | Öffnungszeiten Frühling–Herbst

25 Das Varia House

Zwischen Wasser und Bergen

Fußballspielen, Trampolinspringen oder Fahrradfahren machen auch zu Hause Spaß. Aber wie wäre es mit einer Fahrt im Heißluftballon? Oder mit einer Zumba-Lektion? Und anschließend vielleicht noch etwas Yoga? Vielleicht möchten Sie auch einfach einen Blick in den Bioschaugarten oder in die Bibliothek werfen? Und das alles an einem Tag. Im Campingpark Gitzenweiler Hof, kurz Gitz genannt, werden Leseratten, Wassermänner und Beachvolley-Frauen glücklich, und Kids spielen auf drei verschiedenen Spielplätzen mit Actiongarantie. Klettern, Hangeln, Balancieren, Rutschen oder Austoben – ob spielerisches Koordinationstraining oder kognitive Herausforderung, alles ist möglich. Natur pur gepaart mit sympathischer Action lassen den Eltern keine Wahl: Die Kinder wollen wiederkommen.

Der Gitz im Norden von Lindau macht als bekannter Fünf-Sterne-Campingpark zwischen Bodensee und Allgäu viel von sich reden. Innovativ und karitativ. Mit einem Kinderfest zugunsten der Stiftung Valentina spendete der Campingplatz für kranke Kinder und Jugendliche. So macht alles nicht nur mehr Freude, sondern auch mehr Sinn. Klar, dass der Platz auch auf Angebotsebene mit der Zeit geht – das Glamping kann sich sehen lassen. Die Varia Homes vermitteln Komfort. Ein Tiny House mit einem schönen Innenleben: Elternschlafzimmer, Kinderzimmer mit Stockbett, Wohnküche mit Schlafsofa und TV, Bad mit Dusche samt WC. Eine Sonnenterrasse mit Gartenmöbeln rundet die gemütliche Ausstattung ab.

Viel Wasser in der Nähe und beachtliche Berge im Nacken: ein Campingplatz, der nicht nur gut liegt, sondern auch mit der Zeit geht. In Sachen Wasser- und Bergsport bleiben wahrlich keine Wünsche offen. Und wer sich kulturell inspirieren lassen möchte, sticht in Lindau in ein Wespennest. Hier folgt eine Sehenswürdigkeit nach der anderen. Oder wie der Slogan es ausdrückt: »Ganz schön nah am Paradies«.

Adresse Campingpark Gitzenweiler Hof, Gitzenweiler 88, D-88131 Lindau, www.gitzenweiler-hof.de | Anfahrt auf der A 96 bis Ausfahrt Weißensberg, dann weiter der B 12 Richtung Weißensberg / Hergensweiler bis zur Abfahrt Richtung Oberreitnau / Rehlings / Weißensberg folgen | Öffnungszeiten ganzjährig

26 Die Baumchalets

Innovation in der Höhe

Bevor die Gäste staunen, jubeln oder einfach nur tief durchatmen können, muss dieser Ort oben in den Hügeln des Allgäus zuerst gefunden werden. Dabei gilt: Nie aufgeben, immer weiterfahren und den Anweisungen des Navis folgen. Auch dann, wenn das Ende der Welt oder zumindest der Straße nahe scheint – die Baumchalets erscheinen wie von Geisterhand. Einige Meter über dem Boden, aber ganz weit weg vom Alltag. Die wunderschönen Häuser sind luxuriös, aber dennoch dezent eingerichtet. Sie verströmen dieses naturnahe Feeling, das Glamping beschreibt und Sehnsucht weckt. Im Baumhaus beginnt das Abenteuer. Mitten in der Natur und direkt am Wildbach. Den Sternen nah, denn Lichtverschmutzung ist hier ein Fremdwort. Ein Ort für Natur- und Outdoor-Begeisterte, Hiker und Biker und natürlich für Romantiker und Genießer. Ob die Gäste hier oben dem Glück ein Stück näher kommen? Möglich.

Viel Holz, natürliche Farben und sinnliche Stoffe prägen den edlen, puristischen Naturstil der Baumchalets. Kein Firlefanz, keine unnötigen Dekorationen. Die Häuser sind zum Beobachten und Entdecken gemacht, sind angelehnt an die angesagten Tiny Houses. Kurz: Die Räume sind nicht nur sinnvoll, sondern auch zweckmäßig eingerichtet. Naturbelassene heimische Fichtenelemente, Zirbenbetten, Glas und Stahl – lokale Unternehmen haben Schönes geschaffen. Alle Möbel sind handgefertigte Schreinerarbeiten aus der Region, die ohne unnötige Verpackungen eingebaut wurden. Die Erschaffer formulieren es so: »Natur ist unser Zuhause, unser Energielieferant – wir haben sie beim Bau an allen möglichen Stellen geschützt.«

Bei so viel Natur stellt sich die Frage, wie es um den Zugang zur Technik bestellt ist. Aber keine Sorge: Elektroautos oder E-Bikes können auf dem Parkplatz vor dem Haus geladen werden, und ein leistungsstarkes Wi-Fi lädt auch digitale Nomaden ein.

Adresse Baumchalets Allgäu, Zur Thaler Höhe 10a, D-87547 Missen-Wilhams, www.baumchalets.de | Anfahrt von Memmingen auf der A 7 bis Waltenhofen, dann der B 12 bis Zur Thaler Höhe in Missen-Wilhams folgen; von Lindau kommend auf der A 96 Richtung München, bei der Ausfahrt Weißensberg auf die B 12 Richtung Weißensberg/Kempten/Isny/Hergensweiler abbiegen | Öffnungszeiten ganzjährig

27 Die Öko-Jurte

Rundum schön

Sie bauen ausschließlich mit biologischen Baustoffen, steuern die Energieversorgung über ein Blockheizkraftwerk, nutzen EWS-Ökostrom und reinigen das Regenwasser über drei Überlauf-Biotope. So und nicht anders wird das Hofgut Hopfenburg im schwäbischen Münsingen betrieben. Der Anspruch der Betreiber dieses außergewöhnlichen Campingplatzes ist klar definiert: Sie wollen eine minimale Umweltbelastung erzeugen.

Gesagt, getan – und die Gäste glücklich gemacht. Denn die tollen Glamping-Objekte, die auf der Hofburg stehen, sind außergewöhnlich. Vor allem das Tipi und die kirgisische Jurte fallen auf Anhieb ins Auge. Letztere bietet im Innenraum viel Platz und noch mehr Gemütlichkeit. Jurten sind luftdurchlässige Nomadenzelte, haben keine Isolierung und auch keine Heizung. Aber die unbehandelte Schafwolle, die den Wohn- und Schlafraum umhüllt und mit einem rustikalen Holzboden ausgestattet ist, lässt die Herzen höherschlagen. Und das Glaskuppeldach eröffnet eine weitere und weitsichtige Dimension.

Die Jurten sind mit schönen Betten und wärmenden Decken eingerichtet, doch vor Witterungsbedingungen wie Regen und kühlen Temperaturen sind sie nicht gefeit. Wer daher auf Nummer sicher gehen möchte, packt zusätzlich einen kuscheligen Schlafsack, eine Wärmflasche und vielleicht noch eine Mütze ein. Bei Übernachtungen in der Natur sind Wettereinflüsse immer ein Thema. Bei Regen hält in dieser Jurte zwar die Schaffellisolation trocken, doch gefühlt kann es etwas feucht werden. Nichtsdestotrotz, das großartige und unmittelbare Naturerlebnis in der Jurte ist nicht zu toppen: Wenn Grillen zirpen, der Wind durch die Nacht rauscht, ein Käuzchen ruft oder der Sternenhimmel direkt in das bequeme Bett leuchtet, sind alle Sinne glücklich. Hergestellt werden die Jurten von Nomadenfamilien in handwerklicher Tradition im Biosphärenreservat Issyk Kul in Kirgistan.

Adresse Hofgut Hopfenburg, Hopfenburg 12, D-72525 Münsingen, www.hofgut-hopfenburg.de | **Anfahrt** auf der A 8 bis Ausfahrt Merklingen, dann rechts auf die B 465 Richtung Stuttgart/Reutlingen/Bad Urach/Münsingen abbiegen | **Öffnungszeiten** Mitte Mai–Mitte Okt.

28 Das Hexenhäuschen

Märchenhaft und kreativ

»Knusper, knusper, knäuschen, wer knuspert an meinem Häuschen?« Ähnliche Gedanken gehen Gästen durch den Kopf, wenn sie vor dem hübschen grünen Häuschen stehen und die Tür öffnen: Alles da, alles klein und fein. Ein richtiges Hexenhäuschen eben. Die schmucken Minihäuser stehen auf dem Campingplatz in Naumburg im nordhessischen Landkreis Kassel und versetzen die Betrachter auf den ersten Blick in eine andere Welt. Wie im Märchen, nur ohne Hexe. Dafür mit vier kuscheligen Betten, Einbauschrank, Kühlschrank, Wasserkocher, Kaffeemaschine, Geschirr und Steckdosen. Wie gesagt: alles da.

Bei so viel Kreativität erstaunt es nicht, dass der Campingplatz in Naumburg noch weitere originelle Glamping-Unterkünfte auf Lager hat. Vor allem das »Sternebett« verströmt viel Charme und noch mehr Weitblick. Hier sind die Sterne zum Greifen nah, die Romantik ist garantiert und die Exklusivität unübertroffen. Das Bett steht als Solitär auf einer Holzbühne und lädt zum Träumen ein. Schlafen unter freiem Himmel. Die Möglichkeit, dass hier der Himmel voller Geigen hängt, ist groß. Eine Nacht im Millionen-Sterne-Bett kann Wunder wirken und Träume erfüllen.

Als erster und einziger Campingplatz im Landkreis Kassel wurde die Anlage mit vier Sternen ausgezeichnet. Nicht am See, aber direkt in der Nähe liegt das Freibad. Und in acht Gehminuten ist die Kleinstadt Naumburg mit ihren historischen Fachwerkhäusern im romantischen Stadtkern erreichbar. Tennisplätze am heimischen Sportplatz, Golfplätze im Umkreis sowie ein abwechslungsreiches Rad- und Wanderwegnetz bieten Sportinteressierten tolle Möglichkeiten, sich zu bewegen. Naturerlebnisse sind beim Glamping immer wichtig, umso schöner, dass der Campingplatz im Naturpark Habichtswald liegt. Und mit dem Bergpark Wilhelmshöhe als UNESCO-Weltkulturerbe grenzt der Naturpark direkt an die Kulturmetropole Kassel.

Adresse Campingplatz Naumburg, Am Schwimmbad 12, D-34311 Naumburg, www.camping-in-naumburg.de | Anfahrt auf der A 44 bis zur Ausfahrt Zierenberg, weiter auf der B 251, dann der Beschilderung Richtung Korbach/Wolfhagen/Waldeck folgen | Öffnungszeiten ganzjährig

29 Der Traumkokon

Sagenhafte Kulturinsel

Abtauchen in eine andere Welt? Am östlichsten Punkt Deutschlands ist das problemlos möglich. In der sagenumwobenen Kulturinsel Einsiedel in Neißeaue im Landkreis Görlitz sind unvergessliche Nächte und traumhafte Tage garantiert. Inmitten von Kreativität, die nicht inszeniert, sondern künstlerisch wertvoll ist, können versteckte Spuren zu vergessenen Geschichten entdeckt und Traumlandschaften in der »Geheimen Welt von Turisede« hautnah erlebt werden. Kein Wunder, dass die Besucherzahlen beachtlich sind: Jährlich lassen sich 120.000 Gäste von der Kulturinsel Einsiedel inspirieren.

Nach einem langen Tag mit viel Mystik und noch mehr Kunsthandwerk sind sich alle sicher: Eine Übernachtung inmitten dieser traumhaften Kunst muss wunderbar sein. Stimmt: Hier sind nicht nur die Tage, sondern auch die Nächte zauberhaft. Wer vor lauter Baumhäusern den Wald nicht mehr sieht, sollte sich einfach eines mieten und dann von oben auf die Welt herabblicken. Und dieses unfassbar schöne Ambiente macht Spaß. Wer schon vor dem Einschlafen träumen möchte, kann das Baumhaus »Traumkokon« buchen und alles ringsum vergessen.

Lust auf eine Reise in die magische Welt der Kulturinsel Einsiedel? Umgeben von tiefen Wäldern und sonnigen Auen liegt dieser verrückt schöne Freizeitpark in Sachsen. In Worte ist er kaum zu fassen. Ein Abenteuerpark? Ein Märchenwald? Oder eine Sagenwelt? Er hat von allem etwas.

Und ist sicher ein Ort voller Abenteuerwildnis, mit seinen über 500 Meter langen unterirdischen Geheimgängen, einem Zauberschloss und Haustieren aus aller Welt. Kurz: Eine Insel, auf der sich Mythen und Sagen um das Volk der Turiseder ranken. Wo Geister experimentelle Archäologie-Welten schaffen. Wo ungekünstelte Kreativität ein Freiluftmuseum erbaut hat, das nicht kopiert werden kann. Hinfahren, stauen, lernen und natürlich luxuriös übernachten – sagenhaftes Glamping.

Adresse Kulturinsel – Die Geheime Welt von Turisede, Kulturinsel Einsiedel 1, D-02829 Neißeaue, OT Zentendorf, www.turisede.com | Anfahrt auf der A 4 bis zur Ausfahrt Kodersdorf, weiter auf der B 115 Richtung Görlitz, auf die S 127 Richtung Rothenburg abbiegen und den Schildern nach Neißeaue folgen | Öffnungszeiten ganzjährig

30 Das Hausboot

Fließend auf dem Wasser

Lust auf Malediven-Feeling? Dann ab nach Bayern! Denn weil der Brombachsee so schön ist, gibt es hier noch ein weiteres Highlight für Glamping-Fans: das Floating Village Brombachsee. Fest verankert und doch auf den Wellen treibend, bietet das Hausboot nicht nur sanfte Bewegung, sondern luxuriöse Entspannung. Mit einer komplett und hochwertig ausgestatteten Wohnfläche von 44 Quadratmetern und zwei ebenso großen Sonnenterrassen werden Träume wahr. Denn alles, was das Herz begehrt, hat dieses exklusive schwimmende Haus zu bieten. Wohnen auf dem Wasser ist sehr beliebt. Längst sind die Wasserbungalows auf den Malediven der Inbegriff von Luxus und Romantik.

Schick auf dem Wasser zu wohnen, ist auch ohne Langstreckenflug möglich. Sogar der atemberaubende Ausblick vom Floating Village Brombachsee, diesem Kleinod in Franken, kann sich sehen lassen. Hier am Hafen stellt sich schon nach wenigen Stunden wertvolle Entspannung ein. Da das Platzangebot gut ist und der Schlaf- sowie Wohnbereich stilvoll sind, kommt kein Fluchtgedanke auf. Im Gegenteil. Erst in dieser besonderen Umgebung wird vielen Gästen bewusst, wie wenig Platz nötig ist, um glücklich zu sein. Klar, die beiden getrennten Schlafzimmer mit Doppelbetten, die voll ausgestattete Küche und das moderne Bad mit separater Toilette bieten auch allen Komfort. Ein besonderer Höhepunkt sind die Terrasse und das Sonnendeck mit dem wunderschönen und beruhigenden Ausblick auf den See.

Aber nicht genug der Annehmlichkeiten: Alle schwimmenden Villen verfügen über einen Flachbild-TV und ein Soundsystem sowie über eine Küchenzeile mit Geschirrspüler, Backofen, Geschirr und Toaster. Zudem liefert ein digitaler Concierge das Frühstück, belegte Baguettes, Snacks, alkoholfreie Getränke, nachhaltige Weine oder Bier. Dass die Produkte meistens per Boot zur Wasservilla gebracht werden, verleiht diesem Service das besondere Yachtflair.

Adresse Floating Houses, Am Segelhafen, D-91785 Pleinfeld, www.brombachsee-floatinghouses.de | Anfahrt von München auf der A 9 bis Ausfahrt Greding, Richtung Thalmässing / Berching, dann auf die St 2222 und den Schildern zum Segelhafen folgen; von Frankfurt auf der A 3 und der A 6 bis Ausfahrt Ansbach, dann auf die B 13 Richtung Weißenburg / Wassertrüdingen / Gunzenhausen | Öffnungszeiten ganzjährig

31 Der Troll

Vielversprechend im Wald

Baden, segeln, surfen, Boot fahren, wakeboarden, radeln, wandern: Am Brombachsee wird es nie langweilig. Wirklich nie. Und auch diejenigen, die eher der Kultur frönen wollen, kommen rund um Pleinfeld auf ihre Kosten. Und erst recht beim Glamping.

Die einladenden Troll-Häuschen auf dem Waldcampingplatz Brombach sind nicht nur süß, sondern auch gut ausgestattet. Diese tolle Anlage befindet sich in Westmittelfranken, rund 50 Kilometer südlich von Nürnberg und mitten im Wald. Die Hütten bieten auf kleinem Raum großes Abenteuer: Bett, Küche, Bad und WC – alles vorhanden. Natur, so weit das Auge reicht. Abenteuer, so viel das Kinderherz begehrt. Und der Brombachsee mit seinen erfrischenden Wassersport-Angeboten ist auch in Gehdistanz zu erreichen.

Dass nach so vielen Naturerlebnissen das Trinken nicht zu kurz kommen darf, ist klar. Und da dieser Ort in Franken liegt, ist der Durst vor allem nach Bier besonders groß. Hier sprechen sogar trockene Zahlen eine genussvolle Sprache: Rund 300 Brauereien halten in Franken die Biertradition in Ehren. Die Braukultur wird von mittelständischen und kleinen Betrieben bis hin zu Gasthausbrauereien zelebriert. So können auch die Gäste am Brombachsee aus dem Vollen schöpfen.

Wer ein großes Getränk produziert, hat natürlich eine noch größere Geschichte zu erzählen. Aus Liebe zur Brautradition gründeten im Jahr 1979 Braumeister den Förderverein »Fränkisches Brauereimuseum in der Bierstadt Bamberg e.V.«. Heute erleben Besucher auf rund 1.000 Quadratmetern Ausstellungsfläche in den Gewölben der ehemaligen Benediktiner-Klosterbraustätte eine faszinierende Reise durch die Biergeschichte. Mit über 1.850 Exponaten wird der spannende Werdegang vom Halm zum Glas vermittelt: Sudhaus, Mälzerei, Gär- und Lagerkeller, Eiskeller, Büttnerei, Filtration sowie Fass- und Flaschenabfüllung – so kommen alle der Bierkultur einen Schritt näher.

Adresse Waldcamping Brombach, Sportpark 13, D-91785 Pleinfeld, www.waldcamping-brombach.de/glamping-natur | **Anfahrt** auf der A 6 bis zur Ausfahrt Ansbach und auf die B 13 Richtung Weißenburg/Wassertrüdingen/Gunzenhausen abbiegen | **Öffnungszeiten** ganzjährig

32 Der Schäferwagen

Tierisch schöner Galopp

Ob Schäfchenzählen hier noch nötig ist, bleibt fraglich. Da der Schäferwagen auf dem Campingpark Heidewald viel Romantik und die Umgebung viel Bewegung verspricht, ist tiefer Schlaf ohnehin garantiert. Aber wie heißt es so passend: Doppelt genäht hält besser. In diesem hübsch eingerichteten Schäferwagen lässt es sich gut entspannen. »Komfort auf vier Rädern«, so lautet das Credo, das Einrichtungskonzept verspricht Annehmlichkeiten auf kleinem Raum. Vielleicht erfüllen sich sogar lang ersehnte Träume? Denn wer wollte sich nicht schon längst wieder mal ausgiebig bewegen und auf Radtour gehen? Aber vorher gibt's Frühstück mit frischen Brötchen. Die bekommt man genauso wie die E-Bikes an der Rezeption des luxuriösen Campingparks Heidewald.

Das Naherholungsgebiet am Feldmarksee ist ein Eldorado für passionierte Fahrradfahrer. Einige der beliebtesten und schönsten Strecken können direkt vom Campingplatz aus befahren werden. Auch die nahe gelegene Stadt Warendorf mit der historischen Altstadt ist immer einen Bike-Ausflug wert. Ebenso lässt sich die Wallfahrtsstadt Telgte gut mit dem Rad erreichen. Die umliegenden Bäder wie Bad Laer, Bad Iburg und Bad Rothenfelde sind ebenfalls attraktive Stationen, die natürlich auch mit dem Auto besucht werden können.

Apropos PS: Wer Pferdestärken liebt, ist in Warendorf richtig. Hier ist es nur ein kurzer Weg bis in den Sattel. Die Vielzahl der Reiterhöfe in und um die Pferdestadt bietet für alle Reitsportbegeisterten das Passende. Je nach Ausbildungsstand und Interesse finden sich hier immer Ross und Reiter – ein Match ist sicher. Dabei spielt es keine Rolle, welche Disziplin trainiert werden soll: Dressur, Springen, Fahren, Vielseitigkeit oder Westernstil. Wer es lieber gemütlich angehen will, kann eine Kutschfahrt durch die Warendorfer Parklandschaft buchen oder an einem geführten Ausritt teilnehmen.

Adresse Campingpark Heidewald, Versmolder Straße 44, D-48336 Sassenberg, www.campingpark-heidewald.de | Anfahrt auf der A 33 bis zur Ausfahrt Halle-West und auf die Münsterstraße / B 476 Richtung Warendorf / Sassenberg abzweigen | Öffnungszeiten ganzjährig

33_’s Baumhaus Dörfle

Wie aus dem Bilderbuch

Wo die Bäume ziemlich steil gen Himmel wachsen und sich Fuchs und Hase gute Nacht sagen, da stehen sie, die schönen Baumhäuser, die auf den ersten Blick eher an eine Comicserie erinnern als an eine Ferienanlage mitten im Schwarzwald. Die Attraktion im Schwarzwälder Hof in Seelbach wird »’s Baumhaus Dörfle« genannt und umfasst zehn außergewöhnliche Holzhäuser. Angeordnet sind sie im Dorfcharakter rund um einen zentralen Aussichtsturm. Jedes der Baumhäuser besitzt zwei Schlafräume mit kleinem Austrittsbalkon, einen Balkon beim Wohnbereich, ein Bad sowie eine gut ausgestattete Küchenecke. Genügend Platz gibt’s in den Häusern sehr wohl, und zwar für zwei bis sechs Personen. Die rund zehn Meter in die Höhe ragenden Häuser sind durch eine integrierte Treppe zu erreichen.

Doch nur schön aussehen reicht längst nicht mehr. Deshalb bietet dieses touristische Angebot nicht nur eine tolle Optik, sondern wurde mit viel Sinn für Nachhaltigkeit gebaut. Bei diesem Projekt legten die Verantwortlichen großen Wert auf eine ökologische und klimaneutrale Ausführung und entsprechende Produkte. Dafür wurde möglichst konsequent auf die Verwendung des Naturmaterials Holz aus den Wäldern der Umgebung gesetzt. Und auch die Nutzung von Fotovoltaik für die Stromversorgung der Häuser sowie eine intelligente, energiesparende Elektroausstattung stehen für diesen nachhaltigen Ansatz. Der Volksmund im Schwarzwald würde heute wohl sagen: »Schaffe, schaffe, ökologisches Häusle baue.«

Die Natur, die Gäste und die nächste Generation werden für die bewusste Bauweise und das nachhaltige Konzept auf jeden Fall dankbar sein. Und das Naturerlebnis im Schwarzwald ist legendär: intakt, abwechslungsreich und auch für Kinder überraschend schön. Ob Abenteuerminigolf, Waldklettergarten oder Baumkronenweg – Glamping im Schwarzwald wird zur Sehnsuchtsattraktion für Familien und mit Sicherheit nie langweilig.

Adresse Ferienparadies Schwarzwälder Hof, Tretenhofstraße 76, D-77960 Seelbach, www.spacamping.de | Anfahrt auf der A 5 bis zur Ausfahrt Lahr, dann weiter auf der B 415 und den Schildern bis Seelbach folgen | Öffnungszeiten ganzjährig

34__Das Schwedenhaus

Auf Stelzen am Wasser

Idyllisch gelegen und filmreif inszeniert: Das rote Schwedenhaus auf Stelzen liegt unmittelbar am See, lässt Sehnsüchte aufkommen und Träume wahr werden – eigentlich wie aus dem Katalog. Malerisch eingebettet ins südliche Münsterland, liegt der Campingplatz Seepark Ternsche direkt am Ternscher See. Ein unvergesslicher Ort für Familien (maximal vier Personen), Paare und Alleinreisende, die Ruhe und Entspannung, aber auch Action und Spaß suchen. Und ja, auch dieser Campingplatz ist nah am Puls der Zeit und fällt mit einem sehr schönen Glamping-Angebot auf.

Apropos Glamping: Zurück zum Schwedenhaus, das wohl eher als Häuschen bezeichnet werden sollte. Klein und fein. Und wie der Trend zeigt, sind Tiny Houses vor allem dann gemütlich und sehr beliebt, wenn sie intelligent und nachhaltig eingerichtet sind. Wenn jeder Winkel bis unter die Dachschräge perfekt ausgenutzt ist. So wie das erhöhte Schlafdeck im Innenbereich des Schwedenhäuschens, das nicht nur eine optimale Wohnraumnutzung bietet, sondern auch viel Charme.

Das Haus auf Stelzen hat zwar kein Bad, ist aber komplett mit Geschirr, Kaffeemaschine und Kochplatten ausgestattet. Ideal für ein gemütliches Frühstück, einen regionalen Snack oder ein gutes Nachtessen – drinnen oder auf der herrlichen Veranda direkt am Sandstrand mit Seeblick. Und weil der Badesee schon da war, ließen sich die Verantwortlichen etwas Erfrischendes einfallen: Es entstand die größte Kletteranlage über Wasser in Deutschland mit 21 Plattformen, 28 Hindernissen und einer Zipline von 24 Meter Länge. Schwindelerregend ist die Höhe über dem Wasser nicht, aber jedes Hindernis hat seine Tücken. Ob »easy«, »medium« oder »hard«, jeder der drei Parcours steht für einen Schwierigkeitsgrad – die Kletterfans wählen nach ihren Fähigkeiten. Ab und zu ins Wasser zu fallen ist Programm. Der Badespaß darf hier beim Klettern nicht fehlen.

Adresse Seepark Ternsche, Strandweg 7, D-59379 Selm, www.ternschersee.de | Anfahrt auf der A 45 bis zur Ausfahrt Dortmund-Nordwest, den Schildern Richtung Hannover / Flughafen folgen, dann weiter Richtung Waltrop / Dortmund-Mengede | Öffnungszeiten Frühling – Herbst

35 Der Zirkuscamper

Familienurlaub auf Rädern

Das Urlaubsgefühl im Herzen, die Natur zu Füßen: So geht Genuss auf dem Urlaubshof in St. Wendel. Die Naturnähe und Abgeschiedenheit gleicht astreinem Campen, doch der Komfort in den beiden Zirkuswagen macht die Auszeit auf dem Bauernhof im Saarland zum Glampen. Hier wird etwas Glamour in die Natur und viel Leben auf den Bauernhof gebracht. Mit den Worten der Betreiber: »Von Vogelgezwitscher geweckt werden, barfuß durchs taufrische Gras laufen, beim Frühstück Rehe beobachten, sich gemütlich einkuscheln und die Geborgenheit des Holzwagens genießen.« Kurz: Romantik mitten in der Natur erleben und die Kinder glücklich machen.

Aber klassische Kinderanimation oder ein verbindliches Unterhaltungsprogramm gibt es auf dem Urlaubshof nicht. Stattdessen haben Familien mit Kindern viel Platz und Bewegungsfreiheit, und das alles fernab vom Straßenverkehr und Trubel der Stadt. Stress und Hektik sind hier schnell vergessen, Langeweile und Stumpfsinn kommen gar nicht erst auf. Der große und sehr schöne Spielplatz bringt Kinderaugen zum Leuchten. Eine Seilbahn, ein Spielhaus mit großer Rutsche, ein überdachter Sandkasten und ein beachtliches Klettergerüst für besondere Geschicklichkeitsübungen – ein Platz für Mutige und solche, die es werden wollen.

Die Tiere im Stall und auf der Weide ziehen die Kinder in ihren Bann. Daher ist der Blick hinter die Stallkulisse für Stadtkinder und Landeier gleichermaßen spannend. Ganz zu schweigen vom großen Fuhrpark: Die großen Landmaschinen, vom Mähdrescher bis zum Traktor, faszinieren Jung und Alt. Etwas gemächlicher, aber nicht weniger interessant ist das tägliche Eiersammeln oder das Füttern der Kaninchen mit frischem Löwenzahn. Und beim geführten Reiten lernen die Kids die Ponys Max und Moritz kennen. Wer schon Reiterfahrung hat, kann zudem den Islandpferdehof in der Nachbarschaft besuchen.

Adresse Urlaub & Hof, Urweilerhof, D-66606 St. Wendel, www.urlaubshof-saarland.de | Anfahrt auf der A 623 bis zum Autobahnkreuz Friedrichsthal, weiter auf der A 8 Richtung Luxembourg/Saarlouis/Trier bis Ausfahrt Friedrichsthal-Bildstock, dann den Schildern Richtung Friedrichsthal/Bildstock/Maybach folgen | Öffnungszeiten Ende März–Mitte Sept.

36 Der Retro-Camper

Bunt und an der Elbe

In Pink, Puderrosa, Lindgrün oder Königsblau: Auf dem Elbe-Glamping Stover Strand stehen 13 schön renovierte Retro-Camper mit Stil und einem sicheren Gefühl für passende Farbkombinationen. Nicht pompös, aber exklusiv. Nicht luxuriös, aber originell. Eine halbe Stunde von der Hamburger Innenstadt entfernt, direkt am Elberadweg, liegt ein Glampingplatz mit besonderem Ambiente, einem Beachclub und einem einladenden Hausboot.

Die liebevoll gestalteten Vintage-Wohnwagen sind im Halbkreis am Elbufer platziert und bieten einen tollen Blick aufs Wasser. Alle Strand-Camper sind mit einer Kochgelegenheit, Kühlschrank, Besteck, Geschirr und Bettdecken sowie einem persönlichen Außenbereich mit Sitzgelegenheit, Sonnensegel und Lichterkette für die lauen Sommernächte ausgestattet. Alles, was das Herz begehrt? Noch viel mehr! Vor den Toren Hamburgs macht es besonders viel Spaß, Glamping so kreativ und schön zu erleben. Und weil dieser Campingplatz wirklich etwas Einzigartiges ist, steht den Gästen eine Sommerküche mit Gasgrill und Induktionskochplatten zur Verfügung, inklusive des Blicks auf die Elbe. Wer sich zurückziehen und lieber Privatsphäre möchte, kann sich auch im Wohnwagen etwas Kleines zubereiten. Für die Kinder stehen zwei Holzpferde und ein Lokzug zum Turnen bereit. Ein eigener Sandabschnitt zum Buddeln, Baden und Chillen grenzt direkt an.

Das Entspannen fällt den Besuchern des Campingplatzes Stover Strand in dieser beschaulichen und naturbelassenen Flusslandschaft leicht und macht auch viel Spaß. Aber die Vielfalt und Dynamik der Hafenmetropole Hamburg zu entdecken und in die faszinierende Stadt einzutauchen, ist natürlich das i-Tüpfelchen dieser wunderschönen Anlage nahe der Hansestadt. Ob mit den öffentlichen Verkehrsmitteln oder mit dem Camping-Shuttle an den Wochenenden, die Verbindung in die Hamburger City ist immer gewährleistet.

Adresse Campingplatz Stover Strand International Kloodt oHG, Stover Strand 10, D-21423 Stove, www.camping-stover-strand.de | **Anfahrt** von Süden auf der A 7 bis Maschen, auf die A 39 abbiegen und weiter bis zur Ausfahrt Handorf, dann auf der B 404 nach Stove bei Drage; von Norden auf der A 25 bis Geesthacht und auf die B 404 abbiegen | **Öffnungszeiten** Mai–Mitte Sept.

37 Das Domo-Zelt

Mitten auf der Insel

Dass Sylt für Luxus, Exklusivität und eine große Prominentendichte seht, wird oft betont. Doch der wohl größte Luxus dieser traumhaften Insel ist ihre Natur. Und mitten in dieser Natur stehen Zelte, die zum Übernachten einladen. Doch wie könnte es anders sein: Da sich diese Zelte auf Sylt befinden, sind es eben die Paläste unter den Glamping-Zelten. Und in der Tat, das Domo Camp ist sehr schön, toll eingerichtet und liegt etwas abseits auf dem Campingplatz Mühlenhof in Morsum.

Cool und zeitgemäß ausgestattet ist sowohl die Holzterrasse des 24 Quadratmeter großen Domo-Zeltes als auch die Küche. Und dank des Moskitonetzes hat nur Zutritt, wer auf der Gästeliste steht – also keine Mücken. Die einladenden Baumwollzelte sind atmungsaktiv, wasserdicht und geräumig. Doch wer auf Sylt ist, will mehr als gut schlafen, will die Insel entdecken und genießen.

Wie erwähnt, Sylt ist eine Naturschönheit. Das einzigartige Wattenmeer, das als UNESCO-Weltnaturerbe gelistet ist, verschlägt allen den Atem. Nicht nur weil eine geführte Wanderung anstrengend und oft auch windig sein kann! Dieses einzigartige Ökosystem mit einer unbeschreiblichen Artenvielfalt gewährt pro Quadratmeter Fläche mehreren tausend sehr aktiven Anwohnern Unterschlupf. Das scheint erst einmal unglaublich, denn gesichtet wird da überhaupt nichts. Doch sie sind da, die Bewohner, nur eben winzig klein. So sind Tausende von Krebsen, Muscheln, Schnecken und Würmern auf dem Meeresboden unterwegs, die Millionen von Algen noch gar nicht mitgezählt.

Gut, dass es die Sylter Wattführer gibt, die ihr Meer kennen, um die besten und sichersten Wege wissen und es immer wieder schaffen, ganze Gruppen von Wattwanderern in helle Begeisterung und Staunen zu versetzen. Führungen werden in List, Kampen, Keitum, Rantum, Hörnum und in der Nähe des Domo Camps in Morsum angeboten und erfolgreich durchgeführt.

Adresse Campingplatz Mühlenhof, Melnstich 7, D-25980 Sylt, OT Morsum, www.domo-camp.org/sylt | Anfahrt Autozug von Niebüll, Fähre von Rømø (DK) oder Inselflüge von verschiedenen Destinationen | Öffnungszeiten April – Okt.

38 Das Dachzelt-Dorf

Eine kleine Kletterpartie

Stairway to Heaven? Vielleicht nicht ganz in den Himmel, aber einige Meter über dem Boden. Dass Dachzelte derzeit boomen, fällt in den Sommermonaten nicht nur auf jedem Campingplatz auf, sondern auch in Magazinen, die alle über diesen Trend schreiben. Ob das allerdings astreines Glamping ist, bleibt dahingestellt. Dennoch, der Reiz der Dachzelte sollte nicht unterschätzt werden. Das Dachzelt-Dorf in Thulba beispielsweise ist so liebevoll und mit so vielen kreativen Einzelheiten eingerichtet, dass dieses schöne Refugium wahrlich eine Reise wert ist. Ein Ort der Inspiration, ein Ort der Besinnung. Eingebettet zwischen Rhön und Fränkischem Weinland, liegt das Naturcamp direkt am See Thulba. Ganz ohne Adrenalin geht es aber doch nicht: Die Wakeboard-Anlage bringt eine Menge Spaß und etwas Nervenkitzel in diese beschauliche Naturoase.

Als stinknormales Zelt kann ein Dachzelt in Thulba aber dennoch nicht beschrieben werden. Schön gebaute und erhöhte Plattformen aus Holz ermöglichen den Standort auf einer Hochebene. Und je nach Größe gibt es genügend Platz für die eigenen Campingstühle und den mitgebrachten Tisch. Zugegeben: Hier muss vieles mitgebracht werden, außer natürlich das Zelt. Auch einige Decken sind vorhanden, aber in erster Linie dominieren reichlich Natur, eine tolle Atmosphäre und viel Sinn für Gemeinschaft.

Das Leben feiern, die Seele baumeln lassen und die herrliche Aussicht genießen – so oder so ähnlich kann der Urlaub im Dachzelt-Dorf in Thula aussehen. Die Beliebtheit der Zeltübernachtungen mit Weitblick wird immer größer. Komfortabel, erlebnisreich und flexibel. Nicht ohne Grund gilt Campen im Dachzelt als echter Trend. Die Verkaufszahlen schnellen in die Höhe. Kein Wunder, dass die Dachzelt-Dörfer gut ausgelastet sind. Schließlich bieten sie auch die Möglichkeit, verschiedene Modelle zu testen, um dann irgendwann vielleicht ein eigenes zu kaufen.

Adresse Naturcamp Thulba, Au 3, D-97723 Oberthulba, www.dachzelt-dorf.com/thulba | Anfahrt auf der A 7 bis zur Ausfahrt Bad Kissingen / Oberthulba und ab dem Ortseingang der Beschilderung folgen | Öffnungszeiten April – Okt.

39 Das Mosel-Zelt

Himmlisch im Garten

Ob Kindheitsträume in Erfüllung gehen oder einfach nur Abenteuerlust aufkommt: Das stilvoll eingerichtete Safarizelt liegt zwischen historischen Villen am Moselufer mit Blick auf die Altstadt von Traben-Trarbach. Ein Stadtjuwel an der Mittelmosel in Rheinland-Pfalz, eine Oase für alle, die schon viel gesehen haben und dennoch überrascht werden wollen. Mosel-Glamping ist dafür genau das Richtige. Diese besondere Anlage ist aber kein Campingplatz im herkömmlichen Sinn, sondern ein solitäres Glam-Camp, das von den Betreibern in passionierter Kleinarbeit mit großem Verständnis für Handwerkskunst, Interior Design und natürlich für die Natur aufgebaut wurde. Die beiden Gastgeber sind auch gute Ratgeber. Von der vegetarischen oder veganen Küche über Yoga oder Qigong bis hin zu Wandertipps weit weg von touristischen Trampelpfaden – sie kennen sich aus, das Wohlbefinden ihrer Gäste liegt ihnen am Herzen.

Und wer Mosel hört, denkt natürlich auch an den Wein. Die Weinbautradition an der Mosel ist alt: Vor 2.000 Jahren hielt sie mit den Römern Einzug und macht bis heute durch den An- und Ausbau hochwertiger und individueller Spitzengewächse Furore. Kein Wunder, denn die »Königin der weißen Reben«, der Riesling, findet in den wärmespeichernden, mineralhaltigen Schiefersteillagen ausgezeichnete Wachstumsbedingungen.

So galt die Stadt Traben-Trarbach um 1900 als eine der bedeutendsten Weinhandelsstädte –, nach Bordeaux war sie die zweitgrößte in Europa. Riesling-Weine boomten, und der Export insbesondere nach Großbritannien und Übersee florierte. Kein Wunder, dass sich über 100 Weinfirmen formierten und die örtlichen Weinkeller vergrößert sowie ausgedehnte Flächen des Stadtkerns mit über 100 Meter langen Gewölben unterkellert wurden. Eine Sehenswürdigkeit, die noch heute auf großes Interesse stößt. Ein Blick in die städtische Unterwelt mit ihren mystischen Ecken lohnt sich.

Adresse Mosel-Glamping, Dr.-Ernst-Spies-Allee 5, D-56841 Traben-Trarbach, www.moselglamping.com | Anfahrt auf der A 66 Richtung Wiesbaden/Mainz, bei der Ausfahrt Wiesbaden-Erbenheim auf die A 643 Richtung Koblenz einfädeln, beim Autobahndreieck Mainz über die A 60 weiter Richtung Koblenz und beim Autobahndreieck Rheinböllen auf die B 50 abbiegen, Richtung Trier und den Schildern nach Traben-Trarbach folgen | Öffnungszeiten Mai–Okt.

40 Das Finnhaus

Verwunschen im Kiefernwald

Mitten im märchenhaften Wald und nahe der zauberhaften Ostsee finden Urlauber ihr ganz persönliches Naturparadies. Das Finndorf in Trassenheide auf Usedom versprüht einen Hauch Geschichte der 1960er Jahre, aber vor allem viel Natur. Verschlungene und verwurzelte Wege führen zu den kleinen Häuschen, die aussehen wie die Stücke der Toblerone-Schokolade. Die 21 kultigen »Nurdachhäuser« stehen an einem Ort, der entschleunigt und Gästen ein zufriedenes Lächeln aufs Gesicht zaubert. Eine Urlaubsoase, die direkt an der Ostsee und in der ursprünglichen Natur von Trassenheide liegt. Kein Wunder, dass hier nicht ausschließlich von »Glamping«, sondern auch von »Walding« gesprochen wird. Denn die Finnhütten mit den spitzen Dächern befinden sich in einem herrlichen Kiefernwald. Ob er verwunschen ist? Einige Sommertage und Sternennächte später sind die Geheimnisse gelüftet. Eines sei schon jetzt verraten: Wildwechsel ist garantiert.

Ob Sonnenanbeter, Sandburgenarchitekten oder Wasserratten – für Kindern ist das Urlaubsglück in Trassenheide perfekt. Das Ostseebad besticht mit 2.000 Sonnenstunden im Jahr und wurde als besonders familienfreundlich ausgezeichnet. Das überrascht nicht, denn die 42 Kilometer lange Küste Usedoms punktet mit einem durchgehend schönen Sandstrand und flachen Uferabschnitten. Diese sind nicht nur gut zum Toben und Planschen geeignet, sondern auch sicher. Rettungsschwimmer überwachen die Strände und sind zur Stelle, wenn Gefahr droht. Und auch die Wasserqualität der Ostsee ist gut. Wer nach besonders sauberen Badestellen Ausschau hält, sucht nach Stränden mit der Blauen Flagge, dem zertifizierten Umweltsymbol.

Und was, wenn die Welt im Urlaub Kopf steht? Dann gibt das »Umgedrehte Haus« in Trassenheide Antworten. Das kleine blaue Haus steht tatsächlich auf dem Kopf und begeistert nicht nur Kinder. Als Über-Kopf-Erlebnishaus lädt es zum Staunen ein.

Adresse Finndorf, Zeltplatzstraße 22, D-17449 Trassenheide, www.finndorf.de | Anfahrt von Berlin auf der A 1 bis zum Autobahndreieck Uckermark, weiter auf der A 20 Richtung Stralsund bis zur Ausfahrt Gützkow, dann der B 111 Richtung Wolgast folgen; von Hamburg auf der A 1 bis zur Ausfahrt Gützkow | Öffnungszeiten April – Okt.

41 Die Holzhütte

Weitsicht auf die See

Baumhaus mit Inselbegabung: Auf der wunderschönen Terrasse in luftiger Höhe schweift der Blick von der Insel Ummanz übers Wasser zu einem spektakulären Sonnenuntergang. Wenn abends die Sonne hinter Hiddensee feuerrot im Meer versinkt, geht einem das Herz auf. Die einzigartige Lage am Nationalpark Vorpommersche Boddenlandschaft eröffnet einen neuen Horizont. Und ist ein Surfrevier. Das Baumhaus liegt auf dem Gelände des Rügen Surfhostel. Auf dem Grundstück überzeugt die Tiki-Bar mit leckeren Cocktails und den mittlerweile legendären Steinofen-Pizzas. Und sonntags bringt Livemusik nicht nur Freude, sondern auch etwas Bewegung. Vielleicht sogar einen Hauch Karibik.

Das Baumhaus liegt abseits an der Grundstücksgrenze. Für Privatsphäre ist gesorgt. Im Innern der Holzhütte stehen ein hübsches Doppelbett, ein Tisch, zwei Stühle und ein kleiner Kühlschrank. Bemerkenswert ist der Blick aus dem Bett – Romantik pur. Und auch von der Terrasse schweift der Blick auf den Bodden und die Insel Hiddensee. Nur das sei noch bemerkt: Da das Baumhaus direkt mit einem echten Baum verbunden ist, bewegt es sich bei Wind. Und da sich der Platz an der freien See befindet, gibt es den hier häufig. Dann schaukelt es nicht nur, es knarrt und knarzt auch hier und da. Wer also die Natur mit allen Sinnen erleben möchte, wird sich wohlfühlen.

Urlaub auf Rügens kleiner Schwester, der Insel Ummanz: Sie ist 20 Quadratkilometer groß, und ihre Lage im westlichen Teil von Rügen mitten im Nationalpark Vorpommersche Boddenlandschaft Ummanz macht sie zur Naturidylle. Weite Felder sind umgeben von Wasser, Bauernhöfen und Landgaststätten, Wälder und Alleen laden zur Landpartie ein. Wer hierherkommt, sucht nicht den Touristenrummel, sondern Natur und Ruhe. Oder Action. Denn die Bedingungen zum Windsurfen und Kiten, zum Reiten, Wandern und Radfahren sind perfekt.

Adresse Rügen Surfhostel, Ortsteil Haide, D-18569 Ummanz, www.ummaii.de | Anfahrt auf der A 20 bis zur Ausfahrt Stralsund / Insel Rügen, über den Autobahnzubringer weiter zur Rügendammbrücke und Richtung Dreschvitz nach Ummanz | Öffnungszeiten April – Okt.

42 Das Seefass

Abenteuer und Ruhe

Der Ammersee hat zwar nicht die Grandezza anderer bekannter Seen, dafür gilt er als Kraftort, ist wunderschön und mit vielen versteckten Trouvaillen versehen. Ohne Allüren, ohne Prunk und Protz, ein Ort der Ruhe und Einfachheit. Und ein Ort an dem eine naturnahe Auszeit für Individualisten garantiert ist. Strandbäder, Wassersportangebote, hübsche Cafés und gute Restaurants runden eine Umgebung ab, die mehr bietet als erwartet, die weit weg vom großen Trubel ist. Und genau hier findet sich der Campingplatz Utting am Ammersee. Direkt am Ufer, direkt im Urlaubsgeschehen. Der Platz liegt südwestlich von München im bayerischen Fünf-Seen-Land am Westufer des Ammersees zwischen Schondorf und Dießen. Damit ist er der ideale Ausgangspunkt für alle, die Lust auf Naturerlebnisse und Wasserabenteuer haben und gemütlich und stilvoll ausspannen wollen.

Glücklicherweise wird nun auf dem Campingplatz Utting auch Glamping angeboten. Die Schlaffässer unweit des Seeufers sind neu, duften herrlich nach Kiefernholz und bieten viel Gemütlichkeit auf wenig Platz. Vor allem das leicht erhöhte Doppelbett in der Koje ist heimelig und lädt mit der hübschen Bettwäsche zum tiefen Schlafen ein. Denn nach einem Tag voller Aktivitäten ist ein gutes Bett willkommen. Segeln, Baden, Surfen, Tennis oder Golfspielen – am Ammersee ist alles möglich. Auch wer hoch hinaus will, kann im Hochseilgarten Utting, der in Form eines Piratenschiffs angelegt ist, auf drei verschiedenen Parcours seine Geschicklichkeit beweisen. Guter Orientierungssinn hingegen ist im Maislabyrinth gefordert. Wer vermutet, die verschlungenen Wege wären jedes Jahr die gleichen, irrt. Denn der raffinierte Irrgarten überrascht seine Besucher immer wieder mit einem neuen Design. Ein sehr schönes Ziel ist auch der Naturbeobachtungsturm in der Nähe des Campingplatzes – ein Paradies für Vogelkundler, Adleraugen und Weitsichtige.

Adresse Campingplatz Utting, Im Freizeitgelände 5, D-86919 Utting am Ammersee, www.ammersee-campingplatz.de | Anfahrt auf der A 96 bis zur Ausfahrt Greifenberg, dann rechts abbiegen und den Schildern Richtung Schondorf, Utting und Dießen folgen | Öffnungszeiten April – Okt.

43 Das Bett im Himbeerfeld

Zum Anbeißen fruchtig

Zuerst waren da die Himbeeren und die Felder zum Pflücken. Dann kam eine fruchtig-gute Idee dazu: das Bett im Himbeerfeld. Wenn im Juli und August die herrlich roten Früchtchen zur Ernte einladen, dann steht ein ganz besonderes Vergnügen auf dem Himbeerhof Jürgens nahe der Nordsee bereit: Acht köstliche Nächte können inmitten der Himbeeren verbracht werden. Und weil der Fokus auf Glamping liegt, steht mitten im Feld auch ein luxuriöses Doppelbett unter einem edlen Pavillon. Exklusiv, weil das unvergessliche Erlebnis auf nur wenige Nächte beschränkt ist. Dass die Himbeere auch im Schlaf die Hauptrolle spielt, ist gut möglich, denn im hofeigenen Glücks-Café erliegen fast alle den traumhaften Himbeertorten, Marmeladen oder Säften. Eine fruchtig-süße Angelegenheit, die eine Wiederholung im nächsten Sommer mit Sicherheit nicht ausschließt.

Der Himbeerhof Jürgens liegt in der Gemeinde Vollerwiek auf der Südseite der Halbinsel Eiderstedt zwischen Tönning und St. Peter-Ording. Ein beliebter Tourismusort, trotzdem eher ein Geheimtipp, der stolz einen »grünen Strand« mit überwachter Badestelle präsentiert. Zu Recht. Dann am grünen Deich laden Strandkörbe zum Sinnieren und Sonnen mit Blick auf die Nordsee und das Wattenmeer ein. Eine Destination, die es geschafft hat, Tradition und Zeitgeist galant zu vereinen.

Die Historie ist hier bemerkenswert und faszinierend. Sogenannte Haubarge sind für die Halbinsel Eiderstedt typische Bauernhäuser, die mit ihren gewaltigen Reetdächern bereits aus der Ferne sichtbar sind. In Vollerwiek steht der »haubarg am meer« von 1849, der zu den letzten gut erhaltenen historischen Gebäuden auf der Halbinsel gehört. Sogar der ursprüngliche Grundriss wurde nahezu beibehalten. Von über 400 Haubargen existieren heute noch rund 40 unter Denkmalschutz stehende Bauernhäuser. Der »haubarg am meer« kann im Rahmen einer Führung besichtigt werden.

Adresse Ferienhof Landfriede, Langer Weg 4, D-25836 Vollerwiek, www.himbeeren-nordsee.de | **Anfahrt** auf der A 23 Richtung Tönning, weiter auf der B 5, dann auf die B 202 abzweigen und den Schildern Richtung St. Peter-Ording/Tönning folgen | **Öffnungszeiten** Juli und Aug. (8 Einzeltage)

44 Die Baumhauskugel

Rundum in den Wipfeln

Hier ist sie entstanden, die erste Baumhauskugel Deutschlands: im Berlepscher Wald. Zwei Personen, ein schönes Doppelbett und ein großes Panoramafenster in der Decke. So stellt sich dem Blick in die Baumkronen und himmelwärts nichts in den Weg. Einfach hinlegen und staunen. Und sich freuen, dass innovative Menschen einen so extravaganten Ort inmitten von Bäumen geschaffen haben. Dass Visionen nicht nur Ideen blieben, sondern realisiert wurden und heute zu naturnahen Übernachtungen einladen, die ihresgleichen suchen.

Die Baumhauskugel wird durch einen langen Steg erschlossen. An starken Drahtseilen befestigt, schwankt sie zwischen den Bäumen. Auch wenn es den Gästen dort warm ums Herz ist, eine Elektroheizung ist angenehm und ermöglicht auch eine Übernachtung in tiefer Winterzeit. Die Betten sind bereits bezogen, und Strom gibt es ebenfalls. Nur die sanitären Anlagen befinden sich außerhalb der Kugel – eben doch noch natürlich, eben doch noch Glamping. Sehr empfehlenswert ist die holzbefeuerte Waldsauna, die bei angenehmen 60 Grad mit weitem Blick ins Grüne erhitzte Gemüter beruhigt und alle anderen entspannt.

»Robins Nest« heißt das stämmige Naturparadies und zeigt, wie hoch Bäume wirklich in den Himmel wachsen und wie vielseitig die Möglichkeiten bei Baumhäusern sein können. Jedes Objekt wurde nach einem Motto entworfen, mit Naturmaterialien individuell gebaut und nachhaltig eingerichtet. Und die Umgebung? Historisch. Nur einen kurzen Pfad entfernt steht eines der schönsten Schlösser Hessens, Schloss Berlepsch. Mit anderen Worten: das Tor zum Mittelalter. Spannend sind die 1.000 Jahre alten Ausgrabungen aus dem Schlosskeller im Berlepscher Museum, köstlich ist das Angebot im Restaurant. Nun müssen Vegetarier und Veganer tapfer sein und bitte kurz wegsehen: Das Spanferkel-Gelage und das mittelalterliche Büfett am Sonntag sind ein Riesenspaß.

Adresse Baumhaushotel Robins Nest, Berlepsch 1, D-37218 Witzenhausen, www.robins-nest.de | Anfahrt auf der A 7 bis zur Ausfahrt Hann. Münden-Hedemünden, dann der B 80 Richtung Witzenhausen folgen | Öffnungszeiten Mitte März–Dez.

45 Das Baumhaus »Otto«

Fellnasen sind willkommen

»Otto« heißt das Baumhaus, Teufelsmoor die Landschaft. Und »Land of Green« nennt sich ein wunderschönes Naturresort in Worpswede. Das Kleinod ist von Landschaftsschutzgebieten umgeben und befindet sich mitten im Teufelsmoor. Ein Ort, der Camping mit Glamping stilvoll vereint, nie aber den nachhaltigen Gedanken aus den Augen verliert. Hier ist ein Refugium entstanden, das erst wenige Jahre alt ist und dem Zeitgeist entspricht. Innovationen stehen neben Traditionen, Baumhäuser und Tiny Houses neben Zelt- und Stellplätzen. Die Lage ist unschlagbar, die Anlage hochwertig, der Ausbau zum größten Teil aus Holz.

Zurück zu »Otto«: Das liebevoll und zu 99 Prozent mit Holz gebaute und eingerichtete Haus in den Bäumen bietet zwei Ebenen in einer Höhe von 2,5 und 7 Metern. Alles da, alles schön: Doppelbetten, Wohnbereich mit Ecksofa und romantischem Kaminofen, Bad, Küche, E-Grill, Geschirrspüler und vieles mehr. Zwei Ebenen, zwei Terrassen: Die große Dachterrasse mit der Outdoor-Badewanne zeigt, mit welcher Sorgfalt die Anlage ausgestattet wurde. Es sind solche glamourösen Details, die die Herzen der Gäste höherschlagen lassen. Und die der Hundebesitzer: Der Vierbeiner darf mit zu »Otto«.

Und das Teufelsmoor? Nein, mit dem Teufel hat diese Region nichts zu tun. Vielmehr ist das Teufelsmoor eine faszinierende Landschaft in Niedersachsen, nördlich von Bremen gelegen. Und Worpswede ein legendärer Künstlerort mit vielen Museen und Ateliers. Das Örtchen steht für Kunst und Kultur. Namhafte Künstler haben einst am Teufelsmoor gelebt und ihre Spuren hinterlassen. Noch heute inspiriert der Ort seine Gäste. Charakteristisch für Worpswede sind die historischen Bauernhöfe, die früher den Ortskern bildeten, die schmalen Straßen mit Kopfsteinpflaster und die ungewöhnliche Architektur vieler Häuser. Mittelpunkt ist die Kunst- und Kulturmeile Bergstraße.

Adresse Land of Green, Waakhauser Straße 20, D-27726 Worpswede, www.landofgreen.de | Anfahrt die A 27 bis zum Autobahndreieck Bremen-Industriehäfen nehmen und weiter Richtung Bremen-Industriehäfen / Bremen-Gröpelingen / Worpswede / A 281 | Öffnungszeiten ganzjährig

46 Das Kronenhaus

In der uralten Linde

Gut möglich, dass Althofen nicht ganz oben auf der Bucketlist einer Österreichreise steht. Doch zu Unrecht. Denn die historische Altstadt von Althofen ist eindrücklich und erinnert mit den verwinkelten Gässchen, steinernen Häuserfassaden und mittelalterlichen Gebäuden an einen mediterranen Ort irgendwo in der Toskana. Filmreif, dieser Charme und diese Sinnlichkeit. Mit Sicherheit ein Ort, der zum Genießen einlädt. Für Kenner, die sich in die intakte Natur verlieben und dann immer wiederkommen. Die Stadtgemeinde Althofen liegt im österreichischen Bundesland Kärnten und gehört zum Bezirk St. Veit an der Glan. Gegliedert ist das Gemeindegebiet in drei Kastralgemeinden mit insgesamt zehn Ortschaften. In dieser vielversprechenden Umgebung steht ein Baumhaus, das eine 300 Jahre alte Geschichte schreibt.

Zuerst war die schöne Linde. Dann eine innovative Hoteliersfamilie, die mit dem altehrwürdigen Baum ein neues Kapitel aufschlug und rings um ihn herum ein Refugium schuf, das sich nicht nur perfekt in die Äste einfügt, sondern einen romantischen Ort für eine Auszeit bietet. Das Baumhaus in der Krone der 300 Jahre alten Linde erfüllt Träume und inspiriert Menschen. In 14 Meter Höhe ist der atemberaubende Ausblick bis zu den Karawanken inklusive. Genauso wie ein reichhaltiges Frühstück mit regionalen Produkten. Natürlich auf Wunsch auch direkt nach oben geliefert.

Das Baumhaus, das in luftigen Höhen schwebt, gehört zum bekannten Vier-Sterne-Hotel Prechtlhof. So ist auch für kulinarische Höhenflüge gesorgt. Die Kärntner Produkte werden im Prechtlhof mit viel Können in stilvollem Ambiente gekocht.

Den Gästen steht frei, ob sie im Restaurant oder im Baumhaus speisen wollen. Ein Tipp: Wildspezialitäten aus der Genussregion werden vom Chef des Hauses, einem passionierten Jäger, selbst erlegt und während des ganzen Jahres für die Gäste zubereitet – direkt aus dem Wald auf den Teller sozusagen.

Adresse Hotel-Restaurant Prechtlhof, Schobitzstraße 1, A-9330 Althofen, www.hotelprechtlhof.com/de/baumhaus | Anfahrt auf der A 10 bis Villach, dann den Schildern Richtung A 2 / Wien / Klagenfurt / Velden / Wörther See folgen, bei der Ausfahrt Klagenfurt-Nord weiter Richtung St. Veit / Feldkirchen | Öffnungszeiten ganzjährig

47 Die Holzhütten

Am Naturteich schwelgen

Sie heißen schlicht und einfach Hütten. Doch ganz ehrlich: Das ist untertrieben. Niemand sollte diese Holzhäuschen unterschätzen. Vor allem nicht, weil sie im Naturparadies direkt am Donauradweg von Passau nach Wien vor den Toren der Kulturmetropole Linz stehen. Und weil das parkähnliche Gelände, das sich wie eine Insel unterhalb des Donau-Damms entlang eines Naturteiches erstreckt, einfach wunderschön und inspirierend ist. Hier liegt er, der Campingplatz Au Donau, und birgt so viel Überraschendes wie Magisches.

Die Ausstattung der Anlage klingt vorerst unspektakulär: 45 befestigte Stellplätze für Caravans und Wohnmobile, eine große Zeltwiese mit zahlreichen Tischen, sechs urige Schlaffässer, ein Zelt aus Holz und eben fünf gemütliche Hütten. Doch wer den Campingplatz betritt, spürt schnell, dass hier mit viel Herzblut gebaut und mit großer Innovation weiterentwickelt wurde und nun mit ehrlicher Leidenschaft geführt wird. Die einen fühlen sich ein wenig wie an der Côte d'Azur, die anderen wie zu Hause. Vor allem, wenn an den lauen Sommerabenden die Boote am Hafen anlegen – dann ist höchstwahrscheinlich eines der legendären Feste angesagt. Dabei wird Livemusik gespielt, und der Bio-Saibling brät in der Pfanne. Und wenn die Sonne die Donauwellen berührt und das Licht goldfarben reflektiert, dann könnte der Auer Hafen auch am Meer liegen.

Da die Renaissance des Campings und der Boom des Glampings unaufhaltsam sind, wird das kulinarische Angebot auf den Campingplätzen immer feiner und exquisiter. Regional, traditionell und vor allem raffiniert gekocht, lautet die Devise auf dem Campingplatz Au Donau. Apropos Tradition: Immer freitags gibt es hier den ausgezeichneten Steckerlfisch. Von Mai bis August wird die Spezialität auf Vorbestellung über dem Feuer zubereitet. Ein Genuss, der sich schon längst herumgesprochen hat und auch Einheimische auf den Campingplatz zieht.

Adresse Camping Au an der Donau, Hafenstraße 1, A-4332 Au an der Donau, www.camping-audonau.at | Anfahrt auf der A 1 bis zur Ausfahrt Asten, dann weiter auf der B 3 und den Schildern Richtung Mauthausen folgen, bei Naarn / Au an der Donau abfahren | Öffnungszeiten Mai – Ende Sept.

48 Das Luxuszelt

Ein echter Hingucker

Willkommen im Sommerparadies, willkommen direkt am See. Dort, wo Segler und Radfahrer, Schwimmer und Wanderer, Kinder und Erwachsene, verwöhnte Urlauber und anspruchsvolle Genießer großen Spaß und viel Stil erleben. Willkommen am Campingplatz Seebad Breitenbrunn am Neusiedler See. Breitenbrunn liegt in der Region Eisenstadt im Osten Österreichs. Eine Gemeinde am Rand des größten Steppensees Mitteleuropas. Aber damit nicht genug: Das pannonische Klima, das für heiße Sommer und milde Winter sorgt, lädt zu einem unvergesslichen Sommerspaß ein – und die Landschaft aus sanften Hügeln, Weinbergen und Naturschutzgebieten zum Wandern und Biken, zum Entspannen und Austoben.

Aber nun zum Glamping. Auf dem Campingplatz Seebad Breitenbrunn thronen fünf Luxus-Glamping-Zelte, die an Anmut und perfekter Lage kaum zu überbieten sind. Ein echter Hingucker mit Seeblick und einer attraktiven, harmonischen Inneneinrichtung. Einfach schön, dieses Wohlfühl-Design, das mit einer perfekten Raumhöhe über der Grundfläche viel Platz schafft. Nur Decken, Bettbezüge und Kissen sind selbst mitzubringen. Kein Problem, denn bei dieser Lage und diesem stilvollen Zelt ist nichts zu viel und nichts zu wenig.

Eines ist klar: Glamping im Seebad Breitenbrunn hat viele Facetten, lässt verwöhnte Campingfans aufatmen und Badenixen abtauchen. Sonne, Wind und See sind das perfekte Trio, um abzuheben. Ob beim Surfen, Segeln oder Kiten – Breitenbrunn ist ein Hotspot für Wassersportler. Auch die Infrastruktur ist überzeugend: Es gibt genügend Parkplätze, eine Marina und einen abgetrennten Schwimmbereich, der auch für Kinder konzipiert wurde. Hier findet jeder sein Refugium. Wer sich noch etwas herausfordern möchte, ist in Breitenbrunn ebenfalls goldrichtig: Kite-, Surf- und Segelschulen sind vor Ort – und wer einmal die Segel richtig gesetzt hat, bleibt auf Kurs.

Adresse Seebad Breitenbrunn, A-7091 Breitenbrunn, www.seebad-breitenbrunn.com | Anfahrt auf der A 1 Richtung Wien-Flughafen / Ungarn, auf der A 21 rechts halten und auf der S 1 weiter bis zum Knoten Schwechat, den Schildern Richtung Bratislava / Slowakei folgen und bei der Ausfahrt Neusiedl am See abfahren | Öffnungszeiten Frühling – Herbst

49__Das Baumhaus

Stilvoll im Ahornbaum

Traditionsbewusstsein und unberührte Natur: Bruck an der Großglocknerstraße liegt im Salzburger Land und ist unbestritten ein paradiesischer Urlaubsort für all jene, die den touristischen Trampelpfaden aus dem Weg gehen möchten. Und der Taxhof ist ein Geheimtipp für all jene, die Außergewöhnliches, Nachhaltigkeit und Innovation lieben. Und Glamping der exklusiven Art, denn hier findet sich ein Baumhaus mitten in den Bäumen. Das architektonische Kleinod steht zwischen zwei mächtigen, 300 Jahre alten Ahornbäumen. Es sind die großen Panoramafenster, die ins Auge stechen und die umliegende Bergwelt mit dem Inneren des Baumhauses verschmelzen lassen. Zudem eröffnen sie eine grandiose Weitsicht. Der Ausbau ist beeindruckend: ein Bad mit Dusche und Badewanne, eine private Sauna mit Aussicht, ein Küchenbereich mit angeschlossenem Balkon, ein Schlafzimmer mit Weitblick und ein Ess- und Wohnbereich mit kuscheligen Sitzfenstern für Sonnenanbeter.

Luxuriöses Wohnen ist das eine. Naturnahes Leben das andere. Auf dem Taxhof wird beides vorbildlich vereint. Das Wasser entspringt auf dem eigenen Grundstück, wird aufgefangen und gespeichert. Seine hohe Qualität spricht für sich. Doch wo Menschen leben und urlauben, gibt es auch Abwässer. Diese werden auf dem Taxhof in der hauseigenen Einrichtung gereinigt. Zudem dient ein eigenes Biotop als »Zwischenreinigungsstufe«.

Und geheizt wird mit der nachwachsenden Ressource Holz. Früher mit dem Küchen- und Kachelofen in den Wohnräumen, später mit der Hackschnitzelanlage. Pionierarbeit, denn national und international nimmt der Druck zu, die Nutzung und den Verbrauch natürlicher Ressourcen zu fördern. Das Holz auf dem Taxhof stammt aus dem eigenen Wald. Damit aber nicht genug: Eine kleine Solaranlage für Warmwasser macht die Familie Unterberger in der elften Generation nicht nur unabhängig, sondern auch stolz.

Adresse Familie Unterberger, Hundsdorf 15, A-5671 Bruck an der Großglocknerstraße, www.taxhof.at | Anfahrt auf der A 10 bis zum Knoten Pongau / Bischofshofen, dann den rechten Fahrstreifen benutzen und den Schildern zur B 311 Richtung Bischofshofen / Pongau folgen | Öffnungszeiten ganzjährig

50 Das Garten-Himmelbett

Himmlisch träumen

Der Wind weht sachte um die Nase, der Sternenhimmel leuchtet hell, die Nacht wird klar und herrlich kühl. Was für eine Wohltat! Wenn die Sommertemperaturen in den Städten die 30-Grad-Grenze knacken, dann sind Urlaubstage in den Bergen eine willkommene Abwechslung und gesunde Abkühlung. Doch damit nicht genug. Glamping soll es sein, überraschende und unvergessliche Tage sollen es werden. In Dorfgastein im Salzburger Land haben sich die Gastgeber des Bio-Bauernhofs und der Urlaubsoase »die Unterbergerin« eine ganz wunderbare Idee einfallen lassen: eine Nacht unter freiem Himmel. Was sagenhaft tönt, ist in Wirklichkeit noch viel besser. Im Garten des Bauernhofes steht ein schön dekoriertes sowie bequemes Himmelbett und lädt zum Kuscheln ein.

Obwohl diese Glamping-Nacht direkt am Bauernhof verbracht wird, ist Schäfchenzählen fehl am Platz. Denn wenn die Sonne unter- und der Mond aufgeht und die Sterne am Himmel prangen, dann ist die Zeit reif, um nach ihnen zu greifen und sich in Gedanken oder der Zweisamkeit zu verlieren. Und weil das Wetter bekanntlich unberechenbar ist und sich spontan ändern kann, ist ein Zimmer im dazugehörenden Hotel inkludiert. Wer also Angst davor hat, zu frieren, zieht einfach ins gemachte Hotelbett um.

Die Tourismusdestination Gastein schreibt eine lange und große Geschichte. Bereits vor über 1.000 Jahren wurde Gastein in den Geschichtsbüchern als ein Ort des gesellschaftlichen Zusammenlebens erwähnt – später verhalf das wohltuende Thermalwasser Gastein zu Ruhm.

Noch heute sind es die drei unterschiedlichen Orte, die das Gasteinertal prägen: Bad Gastein, Bad Hofgastein und Dorfgastein. Mal mondän, mal familiär – der alpine Charme ist aber überall zu Hause und fasziniert urbane wie ländliche Gäste. Übrigens sprudelt noch heute echtes Thermalwasser mit 46 Grad aus den Felsen – ein Besuch in der Alpentherme Gastein lohnt sich.

Adresse die Berti GmbH, Unterberg 110, A-5632 Dorfgastein, Tel. +43/(0)6433/7077, info@dieunterbergerin.com, www.dieunterbergerin.com | **Anfahrt** auf der A 10 bis zum Knoten Pongau / Bischofshofen, dann den Schildern Richtung Gasteinertal folgen, vor Dorfgastein nach Unterberg abbiegen | **Öffnungszeiten** Mai – Sept.

51 Der Troadkasten

Ausgezeichnet schlafen

Noch gilt die Turracher Höhe als Geheimtipp. Noch gehen Gipfelstürmer, Genusswanderer und Weltenbummler ungestört und großflächig eigene Wege. Wer viel Platz und Ruhe, Natur und Bewegung sucht, wird auf dem Alm-See-Plateau auf 1.800 Metern zwischen Kärnten und der Steiermark glücklich. Dieses Fleckchen Erde fasziniert und animiert. Nicht ohne Grund: Es handelt sich um ein Wanderparadies mit drei farbenprächtigen Seen, vielen sanften Almen und nicht zuletzt imposanten Gipfeln und Zirbenwäldern. Und mittendrin, direkt an den Mountain- und E-Bike-Trails, stehen architektonische Waldschönheiten, die mit ihrem Innenleben Furore machen.

Schlank, grazil und stilsicher ragen die Waldhütten in die Höhe. Kostbar sind die edlen Holztürme, die Troadkästen genannt werden, auf jeden Fall. Denn sie bilden zusammen ein Refugium der Erholsamkeit, Harmonie und Kreativität. Die Bauweise ist traditionell, die Ausführung modern. Gebaut haben die Zimmerleute auf der Turracher Höhe ihre Troadkästen immer schon so: massives Fichtenholz, handwerklich gekonnt verarbeitet. Der Unterschied zu heute? Zwischen dem Innenholz und dem Außenholz sorgt eine Isolierschicht für Wohlfühltemperaturen zu jeder Jahreszeit.

Dass hinter diesen unkonventionellen Holzhäusern ein ausgefeiltes Konzept und ein bekannter österreichischer Weltenbummler sowie internationaler Gastgeber steckt, erklärt das Besondere an den Baumhäusern von »Crazy Hollmann«. Robert Hollmann steht für außergewöhnliche Hotels und Unterkünfte in Wien, Paris, Triest, Sri Lanka und eben auf der Turracher Höhe. Die drei Hütten liegen mitten im Wald, Auge in Auge mit der Natur, sind mit größter Liebe zum kleinsten Detail ausgestattet und sorgen für Erholung. Glamping-Feeling für Überflieger. Die privaten Saunagänge runden den Aufenthalt übrigens erfrischend ab und auf. Ein Ort für alle, die Belanglosigkeiten satthaben. So wie Robert Hollmann.

Adresse Crazy Hollmann, Turracher Höhe 163–166, A-9565 Ebene Reichenau, hello@crazyhollmann.com, www.crazyhollmann.com | Anfahrt auf der A 10 nach Kärnten, bei der Ausfahrt Rennweg am Katschberg zuerst den Schildern Richtung Rennweg am Katschberg und dann Richtung Turracher Höhe folgen | Öffnungszeiten ganzjährig

52 Die Baumvilla

Erhabene Baukunst aus Holz

Das Baumhaus in »Flora's Garten« hat es in sich: mitten in Ellmau, mitten in einer faszinierenden Bergwelt, mitten in einem traumhaften Garten gelegen. Inmitten dieser einzigartigen Naturkulisse steht diese Baumvilla, die mit exklusiver Architektur, Altholz, klarem Design, hochwertiger Inneneinrichtung und schönen Farben überzeugt und viel Charakter zeigt. Trotz des sichtbaren und üppigen Luxus hat dieses Haus in den Bäumen einen ganz engen Bezug zur Natur. Und genau dieses Erlebnis macht Glamping aus. So können die Gäste – wann immer sie mögen, aber vor allem in lauen Sommernächten – das herrliche Doppelbett ins Freie auf die Terrasse rollen – und schon steht einer romantischen Nacht unter freiem Sternenhimmel nichts mehr im Weg. Sternschnuppen und andere Naturwunder sind inklusive.

Aber irgendwann ist die Nacht zu Ende, der Tag bricht an und die Abenteuerlust ist geweckt. Dass die Region Wilder Kaiser ein wunderschönes Bergparadies mit bezaubernden Ausflugszielen, Wandertouren und Bikerouten ist, muss nicht mehr groß betont werden. Dass das Baumhaus in »Flora's Garten« aber nur wenige Schritte von der Praxis des »Bergdoktors« entfernt liegt, könnte manchen interessieren. Und wenn nicht gerade an neuen Folgen der Erfolgsserie gedreht wird, kann das Haus im Sommer jeden Dienstag, Mittwoch, Freitag und Samstag besichtigt werden.

Die Ellmauer sind sehr stolz auf das Wahrzeichen der TV-Serie. Immerhin wird der Drehort mehrere Wochen im Jahr von rund acht Millionen Fernsehzuschauern bewundert, und last, but not least wird die Lust auf Urlaub in den Tiroler Bergen angekurbelt. Sollte gerade gedreht werden, dann wird rund um die »Bergdoktor-Praxis« alles weiträumig abgeschirmt. Denn der Plot muss geheim bleiben. Wer aber nach dem Dreh einen Blick auf das Haus erhaschen kann, sieht den nickelgrünen Mercedes W123 Baujahr 1979 vor der Tür stehen.

Adresse Baumhaus Ellmau, Dorf 33, A-6352 Ellmau, www.hotel-hochfilzer.com | Anfahrt auf der A 93 bis zur österreichischen Grenze und weiter auf der Inntal-Autobahn A 12 bis zur Ausfahrt Kufstein-Süd, auf der B 173 weiter Richtung Ellmau | Öffnungszeiten ganzjährig

53_Das Romantic Tent

Himmlisches Bett im Zelt

Einzelne Glamping-Zelte sind mittlerweile weit verbreitet und äußerst beliebt. Doch ganze Resorts sind eher noch selten. Österreichs erstes Glamping-Resort liegt im Süden von Kärnten, ist eingebettet in eine idyllische Landschaft aus Bergen und Seen und für alle Temperaturen gerüstet. Seit 2020 bietet Lakeside Petzen Glamping luxuriöse Unterkünfte, die einzigartig und natürlich auch äußerst naturnah sind. Angeordnet wie ein Dorf, stehen auf dem Areal acht Glamping-Zelte, sieben Glamping-Chalets und drei Baumzelte. Und im Zentrum dieser beeindruckenden Anlage finden die Gäste einen großen Naturpool, eine Baumsauna, eine Bar, einen Spielbereich für Kinder und zwei Feuerstellen – ein Resort für Verwöhnte und Vielreisende.

Das Lakeside Romantic Tent scheint wie aus dem Bilderbuch: weißes Zelt, wunderschöne Inneneinrichtung, Himmelbett-Baldachin, Badezimmer und großzügiger Essbereich mit wohnlicher Terrasse. Ein Urlaubskonzept mit vielen Extras. So stehen täglich ein Frühstückskorb, Tretboote, SUPs und weitere Annehmlichkeiten für die Gäste des Lakeside Petzen Glamping bereit.

Auch die Nachbarschaft kann sich sehen lassen: Im Restaurant mit Seeterrasse wird auf Regionalität sowie kulinarischen Genuss geachtet, der Pirkdorfer See bietet eine Erfrischung der Sinne. Fast märchenhaft liegt dieses Glamping-Resort zwischen Wiesen und Wäldern am Fuß der 2.114 Meter hohen Petzen. Klein, fein und abseits der überlaufenen Trampelpfade – ideal für einen regenerierenden Urlaub in einladender Natur. Vor allem die malerische Bergkulisse, die dem Bad im See einen magischen Touch verleiht, bleibt unvergesslich. Wer an Berge und Seen denkt, stellt sich oft kalte Wassertemperaturen vor. Doch weit gefehlt: Der Pirkdorfer See wird im Sommer bis zu 27 Grad warm, ist bis zu 3,5 Meter tief und liegt auf 504 Meter Seehöhe. Ein Badevergnügen ohne Zitterpartie und Gänsehaut.

Adresse Lakeside Romantic Tent, Pirkdorf 29, A-9143 Feistritz ob Bleiburg, www.pirkdorfersee.at | **Anfahrt** auf der A2 Richtung Wien/Graz bis zur Ausfahrt Völkermarkt-West, dann weiter Richtung Völkermarkt-West und den Schildern nach Feistritz ob Bleiburg folgen | **Öffnungszeiten** ganzjährig

54 Das Schindelfass

Historische Nachbarschaft

Wandern, Bergsteigen, Golfen, Biken, Reiten, Skifahren oder Entspannen: Die Ferienregion Wilder Kaiser bedient alle Leidenschaften – und übertrifft dabei oft die Erwartungen. Sabindls Kaiser Platzl könnte daher gut als Sahnehäubchen beschrieben werden. Das stilvolle Schindelfass aus Holz vor einem historischen Wohnhaus, etwas erhöht am Hang gelegen, bietet ein sehr gepflegtes und einzigartiges Wohnerlebnis. Allein steht dieses reizende Holzhäuschen vorgelagert auf der Wiese und wartet mit einer Aussicht auf, die ihresgleichen sucht. Der Ausblick auf das Kitzbüheler Horn oder den Astberg ist einmalig. Die Lage etwas abseits der Rummels ist optimal. Und auch der Goinger Badesee ist nur wenige Autominuten entfernt.

Going nennt sich das »Handwerkerdorf am Wilden Kaiser«. Zu Recht. Also nichts wie los, um all die handgefertigten Produkte zu bestaunen oder zu verkosten! Wie wär's mit einem gekühlten Bio-Eierlikör, frischem Honig, würzigem Bio-Almkäse und schöner Kunst von lokalen Handwerkern und Produzenten? Hier wird Regionalität großgeschrieben. Viele Bauern und Kleinunternehmer überzeugen mit Qualitätsprodukten, die mit viel Leidenschaft und Können sowie großem Zeitaufwand hergestellt wurden.

Weit über die Landesgrenzen bekannt ist Going übrigens auch dank des Lipizzaner-Gestüts vom legendären Stanglwirt. Wer Reitstunden möchte, sollte diese bereits vor dem Urlaub buchen und die Einzelheiten für externe Gäste individuell abklären. Doch schon ein Blick auf die wunderschönen Lipizzaner begeistert Reitfans und Tierliebhaber gleichermaßen. Und weil das Glück der Erde bekanntlich auf dem Rücken der Pferde liegt, sind noch weitere Reitbetriebe in den Kaiser-Orten Ellmau, Scheffau und Söll zu finden. Ob Einzel- oder Gruppenunterricht, Ausritte, Longenstunden oder Kutschfahrten, die Region Wilder Kaiser lässt nicht nur jedes Reiterherz höherschlagen, sondern verzaubert alle Naturliebhaber.

Adresse Sabindls Kaiser Platzl, Pramaweg 89, A-6353 Going am Wilden Kaiser | Anfahrt über die Inntal-Autobahn A 12 bis zur Ausfahrt Kufstein-Süd und weiter den Schildern Richtung Eiberg folgen | Öffnungszeiten ganzjährig

55 Der Zirben-Heustadl

Kuschelhütte mit Extras

Vielleicht ist er ein bisschen verwunschen, dieser zauberhafte Zirben-Heustadl im Hüttendorf »Haus Moll Almhütten«, der alles bietet, was zu einer unvergesslichen Auszeit gehört: die private Sauna, der eigene Whirlpool und viel Privatsphäre. Direkt am Waldrand die Seele baumeln lassen, weit weg vom Alltag die Urlaubstage genießen und sich rundum wohlfühlen, das fällt hier sehr leicht. Und dem herrlichen Zirbenholz-Duft, der durch die Hütte zieht, entkommt niemand. Gut so, denn ihm wird eine beruhigende Wirkung zugesprochen. Ein Szenario also, das nicht nur Frischverliebte ins Tannheimer Tal lockt. Der Zirben-Heustadl schafft das perfekte Ambiente für viele Gelegenheiten. Für Entspannung wird die Natur im Tannheimer Tal immer sorgen, schließlich handelt es sich um ein sonnenverwöhntes Hochtal, das zwischen den Allgäuer Alpen und den Tannheimer Bergen eingebettet ist und auf einer Höhe von gut 1.100 Metern liegt.

Kein Wunder, dass bei diesem schönen Urlaub so manche Lust bekommen, sich Flügel wachsen zu lassen. Das Tannheimer Tal bietet einige Möglichkeiten zum Abheben. Gleitschirm- oder Drachenfliegen oder eine Fahrt im Heißluftballon – der Höhenflug ist garantiert und die Aussicht weit reichend. Ballonfahren ist das ganze Jahr über möglich. Im Sommer fahren die bunten Riesen an der Burgenwelt Ehrenberg vorbei, bevor sie in Richtung Allgäuer Seenplatte unterwegs sind. Spektakulär: Die Passagiere können sogar einen Blick auf Schloss Neuschwanstein und Schloss Hohenschwangau werfen. Und je nach Witterung taucht sogar der Bodensee, der Starnberger See oder die bayerische Metropole München am Horizont auf.

Höhenangst? Kein Problem. Die Wandertouren im Tannheimer Tal sind gemütlich und kulinarisch interessant. Bestandteil des alpinen Lebens sind die 31 bewirtschafteten Almen und Hütten. Denn Wandern ohne Einkehr ist nicht nur halb so schön, sondern auch halb so lecker.

Adresse Haus Moll Almhütten, Seestraße 3, A-6673 Grän-Haldensee, www.moll-tirol.com | Anfahrt auf der A 7 Richtung Füssen / Lindau / Oberstdorf bis zur Ausfahrt Oy-Mittelberg, dann auf der B 310 Richtung Oy Mittelberg / Bad Hindelang, im Kreisverkehr die 3. Ausfahrt auf die B 309 nehmen und bei Steinach auf die Achtalstraße Richtung Haldensee abbiegen | Öffnungszeiten ganzjährig

56 Der Loftcube

Ganz schön von oben herab

Die Hotellerie in Graz ist vielfältig und kreativ, beliebt und gut gebucht. Doch wer seine Leidenschaft für Glamping entdeckt hat, meidet traditionelle Hotels. Außer wenn auf dem Dach eines solchen ein aufgesetzter Cube steht und als Suite vermietet wird. Dann werden die Karten neu gemischt, und es wird hoch über den Dächern von Graz übernachtet.

Der Loftcube auf dem Dach des Hotels Daniel ist ein Highlight im wahrsten Sinne des Wortes, die höchste Suite von Graz. So richtig abenteuerlich ist eine Nacht im Loft vielleicht nicht, aber mit Sicherheit etwas sehr Besonderes. Denn die letzten Meter werden über eine Holztreppe zurückgelegt. Vermutlich sind es exakt diese wenigen Stufen, die den Gästen das Gefühl von Abgeschiedenheit und Unabhängigkeit geben. Der Kubus in 24 Meter Höhe bietet einen 360-Grad-Ausblick, der historischer nicht sein könnte: Vor einem breiten sich der Schlossberg und das Schloss Eggenberg aus, beides UNESCO-Welterbestätten, die auch bei Nacht für Staunen und Bewunderung sorgen.

Die österreichische Stadt hat viele Facetten. Seit 2008 trägt Graz das Prädikat »Genusshauptstadt Österreichs«. Eine kulinarische Auszeichnung, die die steirische Hauptstadt stilgerecht und in Höchstform zelebriert. Regionalität, Kreativität und viel Professionalität zeichnen Graz und die Region aus. Dazu gehören auch hochkarätige Kulturevents wie die »Lange Tafel«. Dieser Anlass stellt einen der kulinarischen und gesellschaftlichen Höhepunkte des Sommers dar und ist ein sehr etabliertes Fest. Die Tickets sind daher immer schnell ausverkauft. Kein Wunder: In dieser lauen Sommernacht im August stehen üppig gedeckte Tische vor der wunderschönen Kulisse des Schlossbergs, des Uhrturms und des Rathauses. Etwas, das Graz überzeugend gut macht: modernen Zeitgeist mit historischem Vermächtnis einwandfrei und ungekünstelt zusammenzuführen.

Adresse Hotel Daniel Graz, Europaplatz 1, A-8020 Graz, www.hoteldaniel.com | Anfahrt Hotel 5 Gehminuten vom Bahnhof entfernt; auf der A 9 bis zur Ausfahrt Graz-Nord und den Schildern Richtung Graz-Nord / Zentrum folgen, auf der B 67 weiter Richtung Zentrum und rechts in die Eggenberger Straße abbiegen | Öffnungszeiten ganzjährig

57_Der Igluhut

Bio einfach schön

Wie klingt das? Urlaub am schönen Schwarzsee im bekannten Kitzbühel? Gut und exklusiv. Der Bruggerhof in Kitzbühel ist mit seinem Hotel- und Campingangebot jedoch alles andere als abgehoben. Mit einem Bioladen zeigt er viel Zeitgeist und Naturnähe. Der Campingplatz bietet etwas abgelegen einige Holzfässer, die als Igluhut buchbar sind. Die handwerklich mit viel Liebe zum Detail gefertigten Mobile Homes wurden ökologisch aus naturbelassenem Holz hergestellt und eignen sich perfekt für zwei Erwachsene und zwei Kinder. Igluhuts bestehen außen aus skandinavischem Fichtenholz und innen aus hochwertigem Espenholz. Das moderne nordische Iglu-Design verbindet jahrhundertealte Schindeltechnik mit neuzeitlichem Wissen, zeitgemäßem Design und handwerklichem Können.

Der sympathische Campingplatz liegt in einem der glamourösesten Orte Österreichs. International bekannt wurde Kitzbühel insbesondere als Austragungsort des Hahnenkamm-Rennens, des alljährlichen Saisonhöhepunkts des alpinen Skiweltcups. Auf seine Gründung im Jahr 1271 und eine ebenso lange wie abwechslungsreiche Geschichte blickt Kitzbühel mit einigem Stolz zurück. Auch im Sommer ist der Ort charismatisch, kulinarisch interessant und architektonisch ein Glanzlicht.

Natürlich ist in Kitzbühel auch für Shopping Queens und Modeliebhaber bestens gesorgt. Bekannte österreichische Kleidermarken, die ihren Ursprung in »Kitz« haben, betreiben hier schöne Shops und interessante Outlets. Oder doch lieber international und urban? Kitzbühel bietet mit Sicherheit für jeden das passende Geschäft. Noch etwas Geschichte gefällig? Dann ist ein Besuch im Restaurant des »Rasmushof« empfehlenswert. Direkt am Fuß des Hahnenkamms, im Zielgelände der Streif, mitten am hauseigenen Neun-Loch-Golfplatz und umrahmt von den majestätischen Kitzbüheler Alpen, schmeckt das Original Wiener Schnitzel vom Tiroler Milchkalb besonders gut.

Adresse Family Igluhut Kitzbühel, Reither Straße 24, A-6370 Kitzbühel, www.bruggerhof-camping.at | Anfahrt auf der A 93 bis zur österreichischen Grenze, dann Inntal-Autobahn A 12 bis Ausfahrt Kufstein-Süd und weiter Richtung Kitzbühel | Öffnungszeiten ganzjährig

58 Die Almhütte

Kleiner Bergzauber

Das imposante Kaisergebirge im Blickwinkel und die Tiroler Almhütte zum Kuscheln: So macht eine Auszeit noch mehr Spaß. Ob nach einem kurzen Spaziergang oder einer Tageswanderung – auf dem »Eurocamp Wilder Kaiser Kössen« wartet nicht nur die Almhütte auf Gäste, sondern auch ein einladendes Wohlfühlprogramm. Der Tiroler Campingplatz mit Sauna und Solarium überzeugt vor unschlagbar schöner Kulisse. Zwar sind die Almhütten schlicht, aber sehr gemütlich und mit einem Doppelbett ausgestattet. Handtücher und Bettwäsche sind natürlich inklusive, wie es sich für Glamping gehört.

So entspannend Camping auch ist, der eine oder andere Gast lechzt bestimmt nach einer Abwechslung, vielleicht sogar nach einem naturnahen Adrenalinkick. Kein Problem! Hier in Tirol ist die Natur mitreißend: Rafting und Canyoning sind derzeit die Trendsportarten, die von Jahr zu Jahr immer mehr nachgefragt werden. Kein Wunder, denn sie entsprechen dem Zeitgeist. Die Naturaktivitäten sorgen auf dem Wasser für jede Menge Aufregung, Herausforderung und Teamgeist. Ein Abenteuer mit Action, mit unvergesslichen Momenten, die sicher auch etwas Herzklopfen beinhalten. Denn Rafting und Canyoning bringen auch ruhige Gemüter auf Touren.

Dank der Lage in Kössen, eingebettet in einen Talkessel, sind die Voraussetzungen für Canyoning hier perfekt. Die Abenteurer erleben aufregende Entdeckungstouren durch verborgene Schluchten, tauchen in türkisfarbene Wasserlöcher ein und seilen sich an Wasserfällen ab. Wenn das keinen Spaß macht! Etwas Mut und auch ein wenig Kondition braucht es aber schon. Und Rafting? Die geführten Schlauchbootfahrten sind kein riskanter Hochleistungssport, sondern ein geselliges Vergnügen für Junge und Junggebliebene. Routinierte Bootsführer lotsen die Gäste sicher an Felswänden vorbei und durch die Entenlochklamm – kein Wildwasser-, sondern ein unvergesslicher Erlebnisfluss.

Adresse Tiroler Almhütte, Kranebittau 18, A-6345 Kössen, www.eurocamp-koessen.com | **Anfahrt** auf der A 93 bis Ausfahrt Oberaudorf, dann weiter auf der B 172 Richtung Kössen | **Öffnungszeiten** Mitte Dez–Anfang Nov.

59__Das Glamour-Zelt

Formvollendet und genussreich

Glamping-Urlaub in Kärnten? Nichts leichter als das. Im Resort Chalets & Glamping Nassfeld ist der exklusive Urlaubstrend Glamping nicht nur ein Nebendarsteller, sondern er spielt die Hauptrolle. Vor allem die luxuriösen Safarizelte lassen die Herzen der Edelcamper höherschlagen – perfekt für eine Auszeit mit allen erdenklichen Annehmlichkeiten und natürlich dem gewissen Etwas.

Das Besondere am Resort Chalets & Glamping Nassfeld ist sicherlich das Konzept: Glamping wird in allen Facetten zelebriert und bis ins letzte Detail ausgekostet. Privatsphäre ist genauso wichtig wie die stilvolle Inneneinrichtung, Naturspielplätze sind genauso schön wie die funktionalen Grillstellen. Charmant, edel und dennoch naturnah bietet dieses Resort auch Kindern ein abwechslungsreiches Urlaubsparadies. Aber was sind schon luxuriöse Einrichtungen und professionelle Dienstleistungen gegen eine intakte Natur, die nur so strotzt vor Kraft? Eben. Doch wenn alles stimmt, dann macht Urlaub doppelt so viel Spaß. Und dass Kärnten für einmalige Naturerlebnisse steht, ist bestens bekannt. Denn wenn tiefe Schluchten und hohe Berge, wenn kilometerlange Wanderwege und gute Bergluft zusammenfinden, dann finden alle ihr Glück. Es muss aber nicht immer Aktivurlaub sein, auch Genuss in aller Ruhe und Intensität ist hier möglich.

An Sonnenstunden fehlt es in dieser Ecke Kärntens jedenfalls nicht. Die klimatischen und geografischen Bedingungen der Region sind so ideal, dass sie die Sonne einfach länger und öfters scheinen lassen als anderswo. Was für ein Glück für Glamping-Freunde! Und was für eine Region für Feinschmecker!

Nahe der italienischen Grenze am Ende des Kärntner Gailtals liegt Kötschach-Mauthen und verwöhnt seine Gäste mit einer großen kulinarischen Vielfalt. Legendär sind deshalb die Genusstouren zu den Produzenten, die mit viel Können und Liebe lokale Spezialitäten herstellen und anbieten.

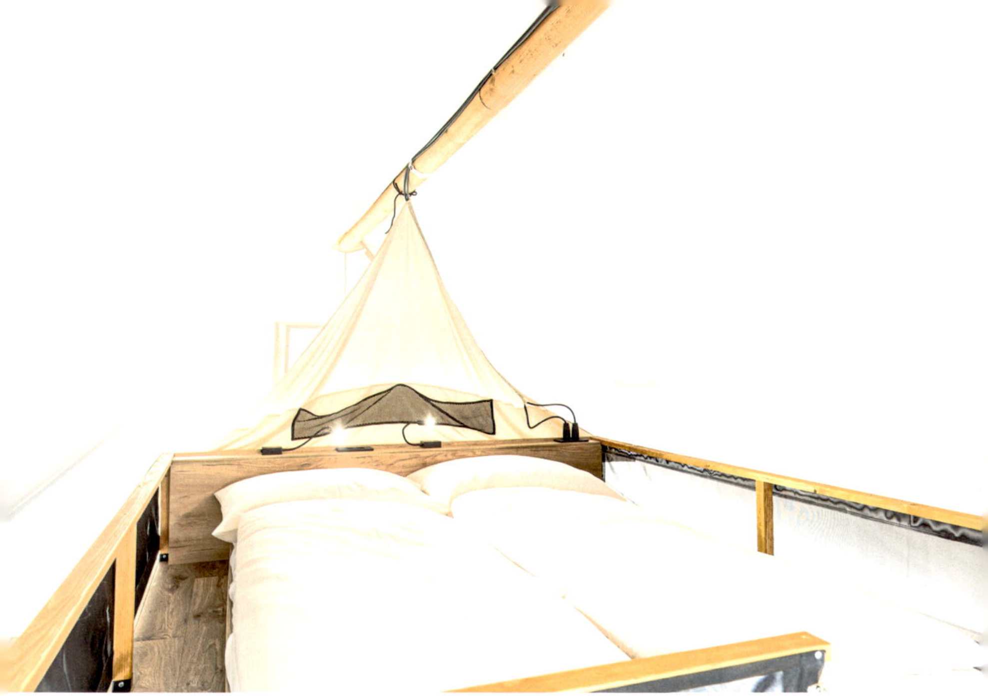

Adresse Chalets & Glamping Nassfeld, Kötschach 690, A-9640 Kötschach-Mauthen, www.alps-resorts.com | Anfahrt von München auf der A 8 Richtung Salzburg, weiter auf der A 10 Richtung Villach, am Knoten Villach A 2 Richtung Italien und der Beschilderung nach Kötschach-Mauthen über die B 111 folgen | Öffnungszeiten ganzjährig

60__Das Tiny House

Minimalistisch am Bodensee

»Reduce to the max« hieß der legendäre Slogan für das kleine Auto, den Smart. Reduzierung auf das Wesentliche, so lautet das Motto der kleinen Häuser, der Tiny Houses. Der Trend, der seinen Ursprung in den USA hat, steht nicht nur für Häuser im Miniformat, sondern auch für raffinierte Einrichtungslösungen und Raumeinteilungen. Eine Bewegung, die einen Gegenpol zu immer mehr Konsum bildet und den Puls der Zeit trifft. Doch was bedeuten diese Kleinsthäuschen für den Tourismus? Auf jeden Fall sind sie heute auf vielen Campingplätzen und Bauernhöfen, die Agrotourismus anbieten, sehr präsent und immer gut gebucht.

Wie die coolen Tiny Houses in Lauterach am Bodensee im österreichischen Bundesland Vorarlberg. Und da es beim Minihaus um mehr als eine quantitative Quadratmeter-Reduzierung geht, macht ein Rückzug vom Alltag und die Rückbesinnung auf das Wesentliche im Leben – zumindest in den Ferien – besonders viel Spaß. Nahe am Bodensee, nahe an Deutschland und der Schweiz. Mit anderen Worten: viel See und viele Berge.

Eine Umgebung, die zum Baden, Wandern, Golfen, Biken, Surfen, Segeln oder Faulenzen einlädt. Eine Region, die zu Spezialitäten von Bauernhöfen oder kleinen Manufakturen verführt. Von der Alpenwanderung bis zum Sennkurs – hier kann gern ins Handwerk gepfuscht werden. Das Tiny House in Lauterach bietet die perfekte Ausgangslage und überzeugt mit einem großen Doppelbett, einer Küche mit Kaffeemaschine, Toaster und Wasserkocher sowie mit einer Waschmaschine. Alles da. Auf kleinem Raum mit großer Ausstrahlung. Und weil Lauterach nur wenige Kilometer von Bregenz entfernt liegt, ist der Besuch der dortigen Festspiele ein Muss. 2024 wird Carl Maria von Webers Meisterwerk »Der Freischütz« für die einzigartige Seebühne inszeniert. Ein großes Glück, diese romantische Oper auf einer der spektakulärsten Bühnen der Welt erleben zu können.

Adresse Tiny House KODA Loft Lauterach, Langegasse 11a, A-6923 Lauterach, www.tinyhouse-bodensee.at | Anfahrt A 7 und A 96 bis zur Landesgrenze Österreich, weiter auf der A 14 bis Ausfahrt Bregenz, dann den Schildern Richtung Lauterach folgen | Öffnungszeiten Frühling – Herbst

61 Das Holzhaus

Herrlich auf dem Holzweg

Tiny House, Tiny Villa oder Tiny Loft? Ganz nach Lust und Laune. Minimalistisch gestaltet, bieten alle Einheiten, was das Herz von Freiheitssuchenden begehrt: echte Erholung weit weg von Hektik und unnötigem Geplänkel. »Das Seehäuser« ist ein Tiny-House-Resort am Mattsee im Salzburger Land. Idyllisch gelegen, direkt am See und mit ruhigem Strandbad. Ein Resort, das mit viel Respekt zur Natur und einem zeitgemäßen Designverständnis gebaut wurde. Oder wie es die Betreiber der Anlage formulieren: »Perfekt, um nicht perfekt zu sein«. Ideal für Verliebte, kleine und große Familien, Freundeskreise oder einfach Menschen, die die Liebe zur Natur teilen und das duftende Holz, das für ein angenehmes Raumklima sorgt, schätzen. Alle Häuser wurden aus heimischem Holz errichtet. »Wir sind auf dem Holzweg, weil das genau der richtige ist«, lautet das Credo des Resorts.

Obwohl das Wort »luxuriös« rund um Urlaubsdomizile beinahe inflationär gebraucht wird, trifft es hier auf eine ganz besondere Weise zu. Ein Glamping-Ort, der mehr als nur schöne Übernachtungsmöglichkeiten bietet. Ein Ort, der mit »Das Bureau« einen Co-Working-Space bietet, der es in sich hat: ein Raum, der mit gekonnter Architektur ein inspirierendes Umfeld schafft, gute Ideen stiftet und das Business beflügelt. What else? Nun, dass eine herrliche Cimbali-Kaffeemaschine auch noch den Barista in den Kreativen weckt, ist zumindest außergewöhnlich.

Neugierig geworden? Hier wurde vieles bis ins Detail durchdacht. Besondere Begegnungsräume wurden geschaffen, die animieren. Sei es der Ess-Wagen, das Wohnzimmer, der Dachboden oder das Strandbad – für Überraschung und Innovation ist gesorgt.

Denn es ist hinlänglich bekannt: Wer nicht mehr träumt, hat aufgehört zu leben. Um das zu vermeiden, wurde im »Das Seehäuser« eine hauseigene Sternwarte, das Observatorium, eingerichtet. Dank des Teleskops rücken Planeten, Sterne und Galaxien in greifbare Nähe.

Adresse Das Seehäuser, Seglerweg 4, A-5163 Mattsee, www.das-seehaeuser.com | **Anfahrt** auf der A 8 bis zur Landesgrenze Österreich, dann auf der A 1 bis Ausfahrt Salzburg-Nord und weiter auf der B 156 den Schildern Richtung Mattsee folgen | **Öffnungszeiten** ganzjährig

62 Das Schilf-Biwak

Wo der See die Berge berührt

Ein tolles Konzept, viel Natur und große Emotionen. Die puristischen Holz-Biwakhäuser in Kärnten machen Träume wahr und die Liebe groß. Denn wer wünscht sich nicht ein romantisches Häuschen direkt am See? Allein zu zweit am Ufer träumen? Und in der Nacht einen Sternenhimmel sehen, der funkelnder nicht sein könnte? Eben. Am Millstätter See stehen sie, diese einzigartigen Holz-Biwaks, gebaut aus heimischer Lärche, Zirbe und Fichte, die sich architektonisch an der archaischen Form eines Hauses orientieren. So lässt das große Panoramafenster den kleinen Raum endlos erscheinen. Der Duft des Holzes senkt den Puls, die Lust auf Zweisamkeit lässt nicht mehr lange auf sich warten. Luxus ist keine Frage der Wohnfläche, sondern der Werte. Auf wenigen Quadratmetern, die sehr schön und platzsparend ausgebaut sind, stellt sich plötzlich ein bisschen Glückseligkeit ein. Und vor dem Haus auf dem Steg direkt über dem Wasser lassen Ruhesuchende die Seele und die Füße baumeln. Die Natur spüren und dankbar durchatmen.

Nach so viel Einkehr und Entspannung ist Action gefragt. Kein Fernseher, kein WLAN, dafür unendlich viel Energie und Wasser. Frühmorgens auf den spiegelglatten Millstätter See hinausschwimmen, rudern, wakeboarden, surfen, Tretboot, Kanu oder Elektroboot fahren oder einfach nur das unberührte Südufer erkunden. Auch Trickski, Monoski, Wasserski oder mit der Banane fahren ist möglich. Oder doch lieber segeln? Der See lässt vieles mit sich machen. Die Qual der Wahl hat man mit Sicherheit. Denn auf der anderen Seite warten noch herrliche Berge, die auch erlebt werden wollen. Und nicht zuletzt lockt die regionale Kulinarik. Almwirtschaften, Jausenstationen und Hütten laden zum Genießen von Spezialitäten und zu einer herrlichen Aussicht ein. Vielleicht wird es hier am Millstätter See in Kärnten noch viel deutlicher: Das große Glück steckt im Kleinen.

Adresse Biwak am Millstätter See, Kaiser-Franz-Josef-Straße 49, A-9872 Millstatt am See, www.biwaks.millstaettersee.com | Anfahrt auf der A 1 bis zum Autobahnkreuz Salzburg, den Schildern Richtung A 10/Italien folgen und beim Knoten Spittal Richtung Millstätter See abfahren | Öffnungszeiten ganzjährig

63__Die Sternenhimmelchalets

Spielen und schwitzen

Freizeitparks boomen. Höher, schneller, weiter, lautet das Motto. Wer die Natur auch beim Spielen genießen möchte, wird sich im Erlebnispark des IKUNA Naturresorts in Oberösterreich so richtig wohlfühlen. Es ist ein tolles Erlebnis, den Gesängen der Vögel und dem Summen der Bienen zuzuhören, während die Kleinen toben. Und nebenbei: Action ist auch hier kein Fremdwort. Nur sind im Erlebnispark die Gäste Teil der Natur, lernen Nachhaltigkeit vor Ort kennen. Schließlich war es auch die Natur, die beim Bau der wunderschönen Anlage als Inspirationsquelle diente. Ob Kletterpark, Hochseilgarten oder Seilrutsche, ob Piratenschiff oder Wippschaukel – der Park bietet sage und schreibe über 90 Spielstationen auf 200.000 Quadratmetern Fläche.

Natürlich macht Spielen hungrig und müde. Für die knurrenden Mägen stehen Grillplätze, Restaurants und ein Mini-Market bereit und sorgen für frische Energie. Für einen tiefen, gesunden Schlaf hat sich das Naturresort ebenfalls einiges einfallen lassen: Ein Campingplatz, mehrere Chalets und sehr schöne Tipis stehen zur Auswahl. Vor allem die Wellness-Tipi-Suite hebt sich ab und zeigt, wie viel Raffinesse in ihr steckt. Sie ist perfekt geeignet für zwei Erwachsene und zwei Kinder. Dass es sich um die Luxusvariante eines Tipis handelt, muss kurz erläutert werden: Aus Vollholz gefertigt, mit einer Grundfläche von 80 Quadratmetern und einer eigenen Sauna, verheißt die Innenausstattung viel Spaß. Und weil im IKUNA Naturresort alles großzügig bemessen ist, kann sich die Anzahl der Tipis auch sehen lassen: Insgesamt stehen 23 hochwertige Tipi-Suiten aus Vollholz zwischen 50 und 120 Quadratmetern zur Verfügung.

Ein ganz besonderes Glamping-Highlight sind die zehn atemberaubenden Sternenhimmelchalets. Auf dreieinhalb Geschossen können ein einzigartiges Übernachtungserlebnis sowie ein unglaublicher Blick auf die unendliche Galaxis genossen werden.

Adresse IKUNA Naturresort, Naturpfad 1, A-4723 Natternbach, www.ikuna.at | Anfahrt auf der A3 bis zur Ausfahrt Pocking, weiter auf der B512 Richtung Neuhaus am Inn und den Schildern Richtung Schärding und Münzkirchen folgen | Öffnungszeiten ganzjährig

64__Die Lodgezelte

Die Qual der Wahl

Eingefleischten Campern ist das Naturparadies Natterer See nahe Innsbruck ein Begriff. Und für neuerkorene Glamper ist es eine sichere Adresse. Kein Experiment, vielmehr ein Campingplatz der Superlative. Wünsche lässt er keine offen. Nur vielleicht die Frage, welches der geschmackvollen Mietobjekte gewählt werden soll: das luxuriöse Safari-Lodgezelt, eine der Wood Lodges, ein süßes Tiny House oder vielleicht doch das romantische Floating Home? Das Angebot für ein gelungenes Glamping-Abenteuer rund um den Badesee ist gigantisch. Jeder Bereich scheint in sich eine Kollektion an Häusern zu vereinen. Wer richtig viel Platz, ein sehr schönes Interieur in Holz, einen Whirlpool auf der Terrasse und viele große und kleine Überraschungen liebt, mietet das Safari-Lodgezelt. Ideal für Familien oder für Freunde, die weder auf Platz noch auf Glam verzichten möchten.

Dass es unter den Glampern auch viele Romantiker gibt, liegt auf der Hand oder am Angebot, denn die Zelte, Häuschen, Bubbles, Zirkuswagen oder Lodges wurden oft mit viel Liebe fürs Detail gebaut und eingerichtet. Dennoch gibt es auch am Nattersee ganz besonders romantische Objekte mit ganz besonders vielen Wow-Effekten: die Floating Homes. Das schwimmende Luxus-Hausboot für Anspruchsvolle weckt Begehrlichkeiten und den Drang, sofort einzuziehen und direkt von der Terrasse ins Wasser zu steigen, loszuschwimmen und sich an diesem Erlebnis zu erfreuen.

Wer nach so viel Freude etwas Glitzerndes sucht, kommt ebenfalls auf seine Kosten. Die Swarovski Kristallwelten sind nur rund 20 Kilometer vom Ferienresort Natterer See entfernt. Und nein, diese Kristallwelten zeigen keine schnöden Verkaufshallen, sondern eine künstlerisch wertvolle und traumhafte Ausstellung, die international anerkannt ist und täglich Gäste aus aller Welt begrüßt.

Ein glitzernder Ort, der noch lange in den Erinnerungen funkelt und der Urlaubsregion rund um das Naturparadies Natterer See Leuchtkraft verleiht.

Adresse Safari-Lodgezelte Natterer See, Natterer See 1, A-6161 Natters, www.natterersee.com | Anfahrt auf der A 13 bis Ausfahrt Innsbruck-Süd, dann der Beschilderung Richtung Natters folgen | Öffnungszeiten April–Okt.

65 Die Himmelchalets

Luxuriös dem Himmel nah

Campingplatz? Luxushotel? Wellnessoase oder Architekturdenkmal? Von allem etwas. Vor allem stilvoll. Alpencamping Nenzing zählt zu den besten Campingplätzen Österreichs. Und hat sich mit einem akribischen Gespür für Glamping einen glamourösen Namen geschaffen. Seit 40 Jahren wird der Fünf-Sterne-Campingplatz mit viel Engagement, großer Aufmerksamkeit und hohen Investitionen familiengeführt.

Das Projekt »Der Himmel auf Erden« sticht aus allen Perspektiven ins Auge. Die außergewöhnlichen Himmelchalets thronen über dem Alpencamping, lehnen sich majestätisch über das Resort und bringen die Gäste zum Staunen. Bereits der Weg zu den Chalets ist eine Bilderreise durch den einzigartigen Naturpark. Oben angelangt, wird schnell klar: Auch die Sicht in den nahe gelegenen Naturpark ist von hier aus mindestens so außergewöhnlich wie die Architektur der Himmelchalets. Jede Einheit ist individuell gestaltet. Und doch fügt sich das Design der gesamten Anlage harmonisch in die Natur ein, ist hochwertig und gut durchdacht.

Bei so viel Stil und ausgefeilter Architektur versetzt natürlich auch der Wellnessbereich die Gäste in Euphorie: ein Pool, der dank eines Wasserkorridors von innen direkt nach außen führt, ein Ruheschwimmbecken nur für Erwachsene und eine Saunalandschaft, die schöner nicht sein könnte. Hier entspannt und schwitzt das anspruchsvolle Auge mit. Längst sind die letzten Zweifel in puncto Luxus auf einem Campingplatz verflogen. Es ist klar: Dieser Leading Campingplatz setzt neue Maßstäbe und zeigt, was möglich ist, wenn die Natur respektiert und Nachhaltigkeit großgeschrieben wird, wenn die Liebe zu den Campinggästen echt ist. Zwei Tage oder zwei Wochen lang: Die Bergwelt ist hier noch in Ordnung. Und die Kulinarik im Alpencamping reich an Regionalem. Ehrliche Produkte aus der Nachbarschaft, mal traditionell, mal modern, mal kreativ interpretiert.

Adresse Alpencamping Nenzing, Garfrenga 1, A-6710 Nenzing, www.alpencamping.at |
Anfahrt auf der A 14 bis Ausfahrt Nenzing/Bludesch und weiter Richtung Nenzing |
Öffnungszeiten ganzjährig

66 Das Zauberzelt

Mehr Natur geht nicht

Sie nennen sich eine verrückt-freundliche Farmer-Familie. Oder kurz und bündig: »Crazy Farmer. Lovely People«. Und in der Tat, gewöhnlich ist der BergBaur ohne »e« nicht: In Neukirchen am Großvenediger steht kein übliches Hotel in den Bergen, sondern das einzige Crazy-Farming-Hotel der Alpen. Über 1.000 Meter über dem Meer und im Herzen des Nationalparks Hohe Tauern gelegen, mit direktem Blick auf den grandiosen Großvenediger, der sich mit seinen 3.657 Metern stolz aufrichtet. Schließlich ist er der höchste Gipfel des Salzburger Landes. Und wie könnte es anders sein? Die Lovely People von den Alpen haben nicht nur ein Hotel, sie haben auch ein Zelt. Und auch nicht in irgendeinem Wald. Nein, im Zauberwald. Was das alles zu bedeuten hat und wie toll die Aussicht und das Schlaferlebnis sind, kann nicht in Worte gefasst werden. Nur so viel: Es ist zauberhaft.

Ob für einen spontanen Kurztrip am Wochenende oder eine längere Auszeit – im Zauberzelt wird garantiert niemandem fad. Denn nicht nur das Refugium des BergBaur hat es in sich, sondern die ganze Region strotzt nur so vor Abenteuern. Bergsport gefällig? Dem Gipfel entgegenwandern? Sich frei fühlen? Oder einfach eine entspannte Zeit zu fairen Preisen genießen? Jeder findet am Großvenediger seine Urlaubsbestimmung. Und wer lieber runter vom Berg möchte, hat an der Rodelbahn eine Riesenfreude. Aber immer gut aufpassen, dass alle die Kurve kriegen!

Was dem BergBaur auch sehr am Herzen liegt, ist das leibliche Wohl der Gäste. Und so lecker ist die Speisekarte auch gestaltet: frisch, regional und vor allem gut zubereitet. »BergBaur's Grillkiste«, das Schnitzel oder »Farmer's Spätzle« – Fleischgenießer oder vegetarische Feinschmecker, im BergBaur sitzen alle am selben Tisch. Und bitte nie vergessen: Der Appetit für »Oma Nilla's Kaiserschmarrn« von 1936 darf nicht fehlen. Denn wer sich in den Bergen bewegt, darf auch gut essen.

Adresse BergBaur, Familie Proßegger, Rossberg 122, A-5741 Neukirchen am Großvenediger, www.bergbaur.at | Anfahrt auf der A 12 bis zur Ausfahrt Zillertal, anschließend Richtung Zillertal und die B 165 nach Mittersill / Gerlospass / Mitte nehmen | Öffnungszeiten Frühling – Herbst

67 Die Seehütten

Elektroboot inklusive

Ein romantischer Holzsteg mitten durch das Schilf, alte Teak-Bänke aus Bali auf der Terrasse, schöne Truhen aus Indien und wundervolle Esstische aus dem Burgenland im Chalet – so oder so ähnlich könnte das Haus am See beschrieben werden. Wer ein idyllisches Seehaus malen oder entwerfen muss, sollte die Seehütten in Rust am Neusiedler See als Vorbild wählen. Dabei sollte unbedingt ein Blick in die traumhaften Innenräume und ein weiterer auf den See geworfen werden. »Märchenhaft« ist die passende Beschreibung. Die Chalet-Siedlung heißt »Seehütte Neusiedlersee«, bezeichnet sich selbst als Glampingplatz und ist am Ende des Tages nur eins: zauberhaft schön. Die Chalets aus Holz wurden direkt über dem Wasser gebaut, stehen auf Stelzen und können auch ohne Boot vom Land aus erreicht werden. Einen besseren Ort für Zweisamkeit gibt es nicht.

Wer sich nun Sorgen macht, dass im Sommer ungebetene Gäste Einzug halten, kann beruhigt sein. Alle Seehäuser sind mit effizienten Moskitonetzen ausgestattet, und die Klimaanlage sorgt für angenehme Temperaturen. Die Sonnenuntergänge sind Pflicht, das Beobachten der Störche ist unterhaltsam und Erholung garantiert.

Wer Luxus auf die Wohnfläche und einen smarten Ausbaustandard reduziert, liegt hier falsch. Wer ihn aber mit Privatsphäre, Individualismus, Sorgfalt, Ruhe und Authentizität verbindet, ist in der Seehütte am Neusiedler See mitten im Naturschutzgebiet mehr als richtig. Hier trifft Natur auf Architektur und Abgeschiedenheit auf nahe gelegene Infrastruktur. Denn das Elektroboot, das zum Seehaus dazugehört, bringt die Gäste wahlweise an noch einsamere oder belebtere Flecken am Neusiedler See. Und wenn der Wasserstand für eine Bootsfahrt zu niedrig ist, ist die Ruster Altstadt, die zum UNESCO-Weltkulturerbe zählt, in nur 15 Minuten zu Fuß erreicht. Mal Ruhe und Abgeschiedenheit, mal Jubel und Trubel.

Adresse Seehütte Neusiedlersee, Ruster Bucht, A-7071 Rust, www.seehuette-neusiedlersee.at | Anfahrt von Wien über die A 23, am Knoten Guntramsdorf auf die A 3 Richtung Ungarn/Eisenstadt, bis zum Knoten Eisenstadt und weiter auf der S 31 Richtung Eisenstadt/Neusiedler See und der Beschilderung nach Rust folgen | Öffnungszeiten Frühling – Herbst

68__The Cabin

Der Natur auf den Fersen

Nicht nur nahe am Geschehen, sondern mittendrin. Nicht einfach klein, sondern wohlproportioniert. Zehn minimalistische Häuser machen im traditionsreichen Montafon von sich reden. »The Cabin« werden sie von den Initianten genannt, als Tiny Houses werden sie von den Gästen geliebt. Das Konzept ist so einzigartig, dass bereits ein zweiter Standort im Walsertal für Furore sorgt. Aber was ist so besonders an The Cabin? Pragmatiker sagen, die Minihäuser sind supersmart reduziert. Designfans schwärmen von der Form und dem Ausbau. Träumer sind von der unendlichen Weite der Natur hin und weg. Und Sportler? Die hadern mit den behaglichen Tiny Houses, weil sie morgens einfach nicht aus den Federn kommen und länger schlafen als geplant. Vielleicht liegt es an den lokalen Hölzern, mit denen die Inneneinrichtung und die Möbel gefertigt wurden, vielleicht aber auch an der herrlichen Bergluft, die den tiefen und gesunden Schlaf fördert.

Als Urlaubsresort oder Glampingplatz kann The Cabinski, wie die Marke heißt, nicht bezeichnet werden. Vielmehr stehen die zehn Einheiten schön verteilt am Waldrand, bieten einen Blick auf Wiesen, Wälder und Bergspitzen und fügen sich fast nahtlos in die große Natur des Montafons ein. Dort, wo sich Hase und Fuchs gute Nacht sagen? Mit Sicherheit. Die Fauna und Flora kann hier als beispielhaft beschrieben und erlebt werden. Einfach mal alpine Luft schnuppern und tief durchatmen. Um dann natürlich in die Wanderschuhe zu steigen und loszuziehen. Raus aus der Hektik der pulsierenden Städte, rein in die Herausforderung der Berge. Bei 500 Kilometern Wanderwege bleiben keine Wünsche offen. Wer noch etwas mehr Thrill braucht, findet rasante Bike-Strecken und Klettersteige.

Zurück zu den Häuschen: The Cabin bietet auf wenig Raum viel Großes. Die Betten für vier Personen, die Küche und das Bad sind denn auch luxuriös. Kurz: ein Raumwunder mit Klasse.

Adresse The Cabinski, Kreuzgasse 107, A-6791 St. Gallenkirch, www.cabinski.at | **Anfahrt** auf der A 14 bis zur Ausfahrt Bludenz-Montafon, dann auf die B 188 abzweigen, den Schildern Richtung Schruns / Montafon / Silvretta / Hochalpenstraße folgen | **Öffnungszeiten** ganzjährig

69__Das Strandhaus

Ab ins kristallklare Wasser

Was für eine Vorstellung: ein Campingplatz direkt am Ufer des Wolfgangsees, 300 Meter herrlicher Strand und nur etwa 15 Gehminuten vom Ortszentrum entfernt. Klingt gut, nicht? Ein Glück, dass sich der Seecamping Appesbach auch Glamping auf die Fahne geschrieben hat. Mit den wunderschönen und aus regionalem Holz gebauten Tiny Houses überzeugt er auch Nichtcamper. Denn was die hartgesottenen Camper seit Jahrzehnten wissen, wird auch den Glampern immer bewusster: Die Nähe zur Natur wird kaum anderswo so authentisch und erholsam erlebt.

Nun zu den Tiny Houses auf dem Seecamping Appesbach. Bereits beim Betreten der Vollholzhäuser weht den Gästen ein frischer Holzduft entgegen. Übrigens eine Duftnote, die viele Parfümhäuser nachzuahmen versuchen, doch das Original ist immer noch unübertroffen. Und auch die Bauweise hält Traditionen hoch: Die Tiny Houses sind zu 90 Prozent mit gehackter Schalung ausgebaut, um einen Stil zu unterstreichen, der an urige Almhütten erinnert. Dass die Inneneinrichtung komfortabel und modern ist, versteht sich von selbst. Dass das heimelige Holzambiente immer präsent ist und sich nie verliert, macht die Häuser so gemütlich und unverwechselbar.

Der renommierte Ort St. Wolfgang im Salzkammergut zieht seit vielen Jahrzehnten Touristen aus nah und fern an. Legendär sowie weit über das Salzkammergut hinaus bekannt und für den einen oder anderen Musik- und Schmankerl-Liebhaber sogar zum Pflichttermin geworden sind die Sommernächte. Eine Veranstaltungsreihe, die Kulinarik und Musik verbindet. Der Tourismusverband St. Wolfgang lädt dabei jährlich zu sommerlichen Leckerbissen und akustischer Unterhaltung ein. Fluffiger Kaiserschmarrn und frische Schaumrollen lassen die Herzen von Einheimischen und Gästen gleichermaßen höherschlagen. Und das Beste: Glamper vom Seecamping sind in Gehdistanz am Fest und können alles unbeschwert genießen.

Adresse Seecamping Appesbach, Au 99, A-5360 St. Wolfgang im Salzkammergut, www.appesbach.at | Anfahrt auf der A 1 bis Ausfahrt Thalgau, weiter Richtung Thalgau, auf der Enzersberg Landesstraße und der B 158 den Schildern Richtung St. Wolfgang folgen | Öffnungszeiten Frühling – Herbst; Sommernächte am 24. Juni, 8. und 22. Juli sowie am 5. und 19. August 2024

70__Die Lakeview-SeeLodges

Stilvoll-feiner Geheimtipp

Wertvolle Materialien und ein sicheres Gespür für ausgezeichnete Architektur – beim Bau der Lakeview-SeeLodges auf dem Camping-Areal des Seehotels Hoffmann wurde nicht gespart. Nicht am Stil und nicht an edlen Stoffen. Die Lodges in Steindorf am nördlichen Ufer des Ossiacher Sees, etwa acht Kilometer von Feldkirchen entfernt, überzeugen auf den ersten Blick und laden zum Entspannen ein. Lärche, Naturstein und das offene Design spielen mit Licht und Schatten, mit Aussicht und Einsicht. Ankommen und wohlfühlen. Und gleich noch saunieren? Unbedingt. Denn die Seesauna übertrifft alle Erwartungen. Nach dem Schwitzen zum Abkühlen direkt in den See springen und anschließend auf einer der schönen Liegen am Wasser ausruhen – unendlich schön und unvergesslich erfrischend.

Der glamouröse Campingplatz mit direktem Seezugang liegt in Kärnten, nur rund 20 Minuten von Villach oder eine gute halbe Stunde von Klagenfurt entfernt. Hier trifft südliche Lebensfreude auf Naturgenuss und Kulturerbe sowie Schifffahrt auf Aussicht. Mit dem Schiff über die Kärntner Seen zu fahren, eröffnet neue Perspektiven. Für alle. Denn auf der Fahrt geht es über den Ossiacher See, den Wörthersee, den Millstätter See und den Weißensee. Das macht Kärnten aus. Das südlichste Bundesland Österreichs ist vor allem für seine wunderschöne Berg- und Seenlandschaft bekannt. Stattliche 1.270 Gewässer, davon 44 kontrollierte Badeseen, ziehen Wasserratten und Schwimmnixen gleichermaßen an.

Aber es müssen nicht immer die großen Ausflüge sein. Entspannung oder Action steht auch bei den Lakeview-SeeLodges in Steindorf auf den Programm. Eine zauberhafte Dachterrasse samt Tagesbett mit Sonnendach macht den Aufenthalt im Tiny House für zwei bis vier Personen am Ossiacher See zu einem Erlebnis der ganz großen Gefühle. Oder wie manche sagen: Südseefeeling mit Bergblick. Was für eine tolle Kombination.

Adresse Lakeview-SeeLodges, Seehotel Hoffmann, A-9552 Steindorf am Ossiacher See, www.seehotel-hoffmann.at | Anfahrt auf der A 10 bis Ausfahrt Ossiacher See / Villach, dann auf der B 94 weiter Richtung Ossiacher See | Öffnungszeiten ganzjährig

71 Das Bomhus

13 Meter über dem Boden

Schwindelfrei und anspruchsvoll? Dann ist dieser Fleck im Bregenzerwald genau der richtige: Auf dem rund 1.000 Meter hohen Plateau mit Blick bis zum Bodensee liegt Sulzberg, ein idyllischer Ort, der auch Urlaubern aus einem urbanen Umfeld viel Abwechslung, Bewegungsfreiheit und einen einmaligen Weitblick bietet. Eine intakte Natur, viele Wander- und Radwege sowie architektonische Hingucker, die weit mehr als nur auf den ersten Blick faszinieren, zeichnen diese Gegend aus. Wie das »Bomhus«, das von den Erbauern liebevoll so genannt wird. Offiziell heißt es »Erlebnisbaumhaus«, und es will hoch hinaus. Auf einer Höhe von 13 Metern steht es auf Stahlsäulen und zieht alle Blicke auf sich. Außen hat das Haus eine Schindelfassade aus Fichtenholz, innen ist es komplett mit heimischem Rüsterholz – im Bregenzerwald auch Bastesel genannt – ausgebaut. Die Architektur ist eindrucksvoll, die Ruhe und die Ausblicke in den Wald mit seinen tierischen Bewohnern sind es ebenso.

Erreichbar ist das kubische Holzhaus gut: Vorbei am Pferdestall der Besitzerfamilie Baldauf geht es über einen beleuchteten Kiesweg direkt zum Steg, der über eine Treppe ins Baumhaus führt. Ausgestattet mit einer Dusche aus Holz, einem WC und einem großen Waschbecken ist für ausreichend Komfort gesorgt. Die Küche mit Induktionsherd, Geschirrspüler und Kühlschrank überrascht mit äußerst viel Stil und interessanten Designs. Wer müde ist, legt sich einfach in die Schlafkoje und genießt den Blick aus dem Panoramafenster.

Wenn die Natur verrücktspielt, ist jedoch Vorsicht geboten: Obwohl das Baumhaus allen Sicherheitsvorschriften entspricht, darf es in stürmischen Zeiten nicht bewohnt werden. Auch das gehört zum Wohnen im Baum und macht das Erlebnis so einzigartig. Vielleicht ist es sogar das, was Urlaubern so gut gefällt und sie demütig stimmt: Die Natur ist unberechenbar und kann nicht kontrolliert werden.

Adresse Bomhus – Erlebnisbaumhaus, Oberköhler 150, A-6934 Sulzberg, www.erlebnisbaumhaus.com | Anfahrt auf der A 96 bis zur Ausfahrt Wangen-Nord, dann auf der L 320 Richtung Wangen-Nord / Lindenberg / Argenbühl bis zur Abzweigung Richtung Oberstdorf, bei Buchweg auf die B 32 abbiegen und weiter auf der B 308 Richtung Oberreute / Sulzberg | Öffnungszeiten ganzjährig

72 Das Glashaus

Der Duft der Pflanzen

Energieautark sein und eine nachhaltige Kreislaufwirtschaft betreiben, das sind Themen, die auf etlichen Wirtschaftsforen diskutiert werden. Doch die Umsetzung ist komplex und benötigt vor allem bei touristischen Angeboten eine große Leidenschaft für die Natur sowie ein Gespür für den modernen Zeitgeist. Und natürlich mindestens ebenso große finanzielle Ressourcen.

In der Marktgemeinde Turnau, die zum Bezirk Bruck an der Mur in der Steiermark gehört, wird mit gutem Beispiel vorangegangen. Wer am Pogusch übernachtet, kann sich von der umwerfenden Naturkulisse beeindrucken lassen. Es lohnt sich durchaus, einige freie Tage mitzubringen, um all die besonderen Attraktionen und die exklusive Auswahl an Übernachtungsangeboten zu entdecken. Seien es die Glashäuser, in denen die Gäste inmitten der einzigartigen Pflanzenvielfalt übernachten, seien es die Vogelhäuser, die mit einer unbeschreiblichen Lage und mit großartigem Design überzeugen. Oder die Baumhäuser, deren Architektursprache einfach umwerfend ist. Dass dieses Kunstwerk auch international für Furore gesorgt hat, ist den Besitzern der drei Steirereck-Standorte zu verdanken.

Schließlich zählt Birgit und Heinz Reitbauers exklusives Restaurant Steirereck in Wien zu den besten 50 Restaurants weltweit. Keine Frage, sind die beiden doch keine Unbekannten: zwei Michelin-Sterne, eine Spitzenküche. Die Ausnahmegastronomen kennen sich in der Welt ihrer Produkte bestens aus. Und wer an ihrem ländlichen Standort am Pogusch übernachtet, wird in dieses faszinierende Universum der Reitbauers eintauchen. Und natürlich auch im Wirtshaus essen. Wie könnte es anders sein: Die eigene Landwirtschaft ist das Herz des Pogusch, und neben Schafen, Ziegen, Schweinen und Hühnern werden mehr als 500 verschiedene essbare Pflanzen-, Zitrus- und Streuobstarten in den Glashäusern und Gärten kultiviert.

Adresse Steirereck am Pogusch, Pogusch 21, A-8625 Turnau, www.steirereck.at | Anfahrt von Salzburg auf der A 1 bis zum Knoten Voralpenkreuz, dann auf der A 9 bis zum Knoten St. Michael, dort weiter Richtung Wien und bei der Ausfahrt Kapfenberg Richtung Kapfenberg abfahren | Öffnungszeiten ganzjährig

73 Die Jägerhütte

Tief in der Wildnis

Wie heißt es so treffend: »Das Abenteuer beginnt dort, wo der Plan endet.« Das könnte der Ursprungsgedanke dieses Hüttendorfs mitten im Wald gewesen sein. Das Ramenai folgt den alten Traditionen und setzt auf heimische Materialien und auf Bodenständigkeit. Sich bewusst für das Einfache entscheiden und nachhaltig in die Zukunft investieren, so lautet das Motto.

Im »Ramenei – Das Böhmerwaldlerdorf« wird großen Wert auf urige Gemütlichkeit und zeitgemäße Baubiologie gelegt. So wurde im Hüttendorf auf Beton und Versiegelungen verzichtet. Mit anderen Worten: In allen Häusern sind keine Oberflächen lackiert oder geölt, sondern erstrahlen komplett unbehandelt. Den Initianten war von Beginn an wichtig, den ökologischen Fußabdruck möglichst klein zu halten. Deshalb beschlossen sie, alle Produkte – vom Holz über die Bettwäsche, die Tücher, die Polster und Decken bis hin zur Isolierung der Häuschen – aus einem Umkreis von 80 Kilometern zu besorgen.

Doch wer hat die Vorlage für diese wunderschönen Holzhütten geliefert? Ganz einfach: die Geschichte dieser Gegend. So entsprechen viele Aspekte des Hüttendorfs den Traditionen, Besonderheiten und dem Leben der Waldbauern und Knechte des Böhmerwaldes sowie des Mühlviertels. Nur eben mit der nötigen Adaption in die moderne Zeit.

Dass sich all diese guten Überlegungen beim Bau des Hüttendorfs auch positiv und inspirierend auf die Gäste auswirken, liegt in der Natur der Sache. Schon die Fahrt in den Wald ist eine Reise wert. Vorbei an kleinen Ortschaften, dichten Wäldern und weitläufigen Wiesen. Vorbei an einer Natur, die auf Anhieb Lust auf kleine oder große Spaziergänge macht. Und wer schon längst mal wieder ein Feuer machen wollte, kann sich in den Hütten austoben. Wunderschöne Öfen und bestens gelagertes Holz warten darauf, entzündet zu werden. Nur die Finger sollte sich niemand verbrennen.

Adresse Ramenai – Das Böhmerwaldlerdorf, Schöneben 23, A-4161 Ulrichsberg, www.ramenai.at | Anfahrt auf der A 3 bis zur Ausfahrt Aicha vorm Wald, dann auf der B 12 bis Schöneben | Öffnungszeiten ganzjährig

74 Der Airstream

Ein glänzender Stadtrebell

Es gibt keinen pompösen Limousinenservice, keinen üppigen Rosengarten, dafür einen sympathischen Fahrrad- und Vespaverleih und einen wunderschönen Kult-Caravan im Garten. Im Hotel Daniel in Wien glänzt ein stilvoll ausgebauter Airstream Trailer mit den Hotelzimmern um die Wette. Ein Angebot, das Furore und Glamping mitten in Österreichs Hauptstadt möglich macht. Was für eine magische Mischung: Zuerst die pulsierende Metropole genießen, geführte Rundgänge durch die Wiener Unterwelt unternehmen, über den Zentralfriedhof spazieren, Streetart-Kunstwerke bewundern und durch die romantische Altstadt schlendern – um dann den Rückzug in den Wohnwagen, ins Grüne, anzutreten. Ein gelungener Kontrast, der viel Individualität und unbeschwerte Lebensqualität zulässt. Ja sogar einen Hauch von Freiheit und Luxus verströmt. Denn die Inneneinrichtung des Airstreams ist ausgesprochen schön, stylisch und vor allem intelligent geplant.

Es waren renommierte Profis für Bootsinnenausbau, die sich ans Werk machten und den Wohnwagen optimierten. Sie fanden Platz für ein qualitativ hochstehendes Doppelbett sowie für eine frei stehende Badewanne mit Aussicht und schafften so eine hochkarätige Atmosphäre. Eine spannende Information für Kenner: Der Silver Streak Clipper, Baujahr 1952, wurde zudem wärmegedämmt und schallisoliert. Gespart wurde bei diesem Projekt nicht.

Dass der Airstream im Hotelgarten mitten in Wien großen Anklang findet, ist keine Überraschung. Seit 1931 werden die Kult-Caravans in den USA hergestellt und begeistern nun schon Generationen von Reisenden. Das Erscheinungsbild des Airstreams, der mit geringstem Widerstand durch den Wind gleitet, blieb immer dasselbe. Nur die Technik hat sich stets der Zeit angepasst.

So lautet übrigens auch das Credo des Unternehmens. Und so lieben die Fans rund um den Globus den glänzenden Wohnanhänger Auch in einem Garten – die Ikone der Mobilität verspricht eben überall Stil.

Adresse Trailer Hotel Daniel Vienna, Landstraßer Gürtel 5, A-1030 Wien, www.hoteldaniel.com | Anfahrt 10 Minuten Fußweg vom Wiener Hauptbahnhof; mit dem Auto über die A 23 bis zur Ausfahrt Gürtel / Landstraße, auf der Landstraßer Hauptstraße Richtung Stadtzentrum und zum Hotel; Ladestationen für E-Autos vorhanden | Öffnungszeiten ganzjährig

75_Das Wohnzelt

Wohnlich am Schwimmteich

Ankommen, parken, E-Auto laden und sich zum ersten Mal freuen: Alles klappt wie am Schnürchen. Die Lage ist herrlich, das Plateau sonnenverwöhnt, und die Jungs an der Rezeption des Gerhardhofs in Wildermieming sind cool und engagiert. Check-in wie im Hotel, den Schlüssel in den Händen, und los geht's in Richtung Zimmer. Nein, in Richtung Loft. Noch präziser: in Richtung glamouröses Zelt. Was sich hinter dem langen Reißverschluss offenbart, ist überraschend: eine luxuriöse Einrichtung mit Hang zum modernen Design. Naturholzbetten, ein Sofa, ein Tisch, kuschelige Bettwäsche und vieles mehr. Wohnlich, cool, gemütlich und sehr geräumig. Eine gute Nacht ist den Gästen sicher.

Und ein fulminantes Aufstehen sowieso. Denn der wunderschön angelegte Schwimmteich liegt direkt vor dem Zelt, lädt zum Reinspringen, Schwimmen und Erfrischen ein. Anschließend warten ein schönes Frühstück, ein Sonnenbad und eine Lesestunde im Liegestuhl auf der eigene Holzterrasse. Die großen weißen Zelte stehen auf leicht erhöhten Holzpodesten und bieten dort nebst toller Aussicht auch viel Privatsphäre. Das persönliche Urlaubsglück? Hier ist es zu finden. Der Gerhardhof verfügt denn auch über weitere Übernachtungsmöglichkeiten. Mit Stellplätzen, Zeltplätzen, Ferienwohnungen und Baumhäusern zeigt sich der Tiroler Campingplatz äußerst geschmackvoll, vielseitig und innovativ.

Und was bietet die Region? Viel. Auch für Golfer. Denn weil Glamping und Golf wunderbar zusammenpassen, sind die Plätze in unmittelbarer Nähe zum Gerhardhof sehr beliebt und immer wieder eine Runde wert. Und noch eine.

Golfen am Mieminger Sonnenplateau bedeutet mehr als nur top gepflegte Fairways und Greens. Während der 18-Loch-Championcourse mit seinen teils langen, breiten Bahnen eine sportliche Herausforderung darstellt, kann der 9-Loch-Parkcourse speziell bei Golfern mit weniger Platzerfahrung punkten.

Adresse Sonnenplateau Camping Gerhardhof, Gerhardhof 1, A-6413 Wildermieming, www.gerhardhof.com | **Anfahrt** auf der Inntal-Autobahn A 12 bis zur Ausfahrt Telfs-West und weiter auf der B 189 bis Wildermieming | **Öffnungszeiten** ganzjährig, Glampingzelte nur im Sommer

76 Das Chalet Apfel

Wo Gäste Freunde sind

Die österreichische Gastfreundschaft ist legendär. Doch was die Besucher im Campingdorf Hofer in Zell am Ziller erleben, ist weit mehr, nämlich echte Freundschaft. Bereits der Check-in verläuft ohne Hektik und lange Warteschlangen. Ein Familienbetrieb, der schon in der dritten Generation mit großer Leidenschaft und viel Liebe geführt wird. Erklärtes Ziel: Alle Gäste sollen sich wohl und zu Hause fühlen.

Anonymität ist im Campingdorf Hofer ein Fremdwort. Etwas anders verhält es sich mit dem Begriff Glamping. Mit den hübschen Holzchalets, die die Namen »Apfel« oder »Traube« tragen, bietet der traditionsreiche Campingplatz etwas mehr Luxus beim Campen. Wie heißt es so schön: das eine tun und das andere nicht lassen. In diesem Fall: Campingatmosphäre und Luxus gleichermaßen genießen. Die Chalets sind schön eingerichtet, überzeugen mit einer voll ausgestatteten Küche und einigen Extras. Was aber viel erwähnenswerter ist, sind die wunderschönen Berge rund um das Ferienparadies. Auch der Freizeitpark in Zell überrascht mit kreativen Spielmöglichkeiten, Geschicklichkeitsstationen und vielem mehr – ein Park, der die Kids strategisch und motorisch herausfordert.

Zell am Ziller ist auch wegen des Gauder Fests weit über die Landesgrenzen hinaus bekannt. Immer am ersten Wochenende im Mai findet Österreichs größtes Musik- und Trachtenfest hier statt. 30.000 Besucher pilgern an diesem Wochenende ins Zillertal, begeistern sich für den prachtvollen Trachtenumzug und bewundern die verschiedenen Spektakel der Brauchtumsgruppen.

Auch an allen anderen Wochenenden bietet Zell viel Abwechslung. Wie wäre es mit einer schönen E-Bike-Tour? Ob leicht oder doch etwas anspruchsvoller, die gute Infrastruktur der Region, in der sich auch genügend Ladestationen finden, bringt alle Radfahrer in Schwung. Noch etwas mehr Adrenalin gefällig? Dann ab zum Almflieger, einer Seilrutsche der Superlative!

Adresse Campingdorf Hofer, Gerlosstraße 33, A-6280 Zell am Ziller, www.campingdorf.at | Anfahrt auf der Inntal-Autobahn A 12 bis zur Ausfahrt Wiesing und weiter Richtung Zillertal | Öffnungszeiten ganzjährig

77__Das Emmentaler Tiny House

Dem Kultkäse ganz nah

Mitten im Emmental, mitten im Herkunftsort des berühmten Käses, kann man im Schlaffass eine unvergessliche Nacht und einen wirklich guten Morgen erleben – mit Blick in die wildromantische Landschaft, umgeben von saftigen Wiesen, grasenden Kühen und Zeit für sich und die Natur. Die Südwestlage der Glamping-Fässer verspricht neben einer bezaubernden Aussicht einen unvergesslichen Sonnenuntergang und traditionsreiches Essen auf der eigenen Terrasse. Wie heißt es hier so passend: un-fass-bar schön.

Nach einer sternenklaren Nacht im beliebten Emmentaler Tiny House beobachten die Gäste am frühen Morgen spannende Vorgänge. Decken sie etwa auf, wer ihn erfunden hat, den weltberühmten Emmentaler? Frühmorgens kann beobachtet werden, wie die frische Rohmilch vom Bauern angeliefert wird. Wichtig ist natürlich, dass die Gäste Zeit mitbringen, um den Kultkäse richtig kennenzulernen. Denn Zeit ist auch für den Emmentaler AOP ein hohes Gut.

In der Schaukäserei in Affoltern im Emmental wird mehrmals täglich aus hochwertiger Rohmilch der einzigartige Emmentaler AOP produziert. Besucher haben hier die Gelegenheit, den Emmentaler AOP-Käsern über die Schultern zu schauen und mehr über den Mythos zu erfahren. Vielleicht sogar zu sehen, wie die Löcher in den Emmentaler kommen. Auf einem geführten Rundgang durch die Schaukäserei wird hinter die Käsekulisse geblickt, das Küherstöckli aus dem Jahr 1741 und die Feuerwagenkäserei von 1900 können ebenfalls besichtigt werden. Ein besonderer Höhepunkt: Täglich um 10.10 Uhr kann mitverfolgt werden, wie der Käsebruch in die Presse gefüllt wird. Anschließend wird im Fachgeschäft der Schaukäserei eine Vielfalt des Emmentalers AOP in unterschiedlichen Reifegraden degustiert – und eingekauft. Für die Gourmets oder Streber in der Familie ist der Besuch des Frischkäse-Workshops ein ultimativer Tipp.

Adresse Tiny House Emmentaler Schaukäserei, Schaukäsereistraße 6, CH-3416 Affoltern im Emmental, www.emmentaler-schaukaeserei.ch | Anfahrt auf der A 1 bis zur Ausfahrt Lyssach/Burgdorf, dann weiter Richtung Langnau im Emmental/Huttwil | Öffnungszeiten ganzjährig

78 Das Sahara-Zelt

Edel mit echtem Holzboden

Echter Holzboden, bequemes Doppelbett, hübsche Decken, kuschelige Kissen und flauschige Handtücher – so lässt sich im Sahara-Zelt auf dem Camping Bellinzona stilvoll übernachten. Diese Rundzelte, die zu 100 Prozent aus Baumwolle bestehen, verströmen Gemütlichkeit und Geborgenheit. Das nachhaltige Material ist qualitativ hochwertig, hat eine lange Lebensdauer und ist wasserdicht. Und bei Unwetter? Keine Sorge, das Zelt steht dank der aerodynamischen Form wie ein Haus, ist vor Wind und Wetter geschützt.

Tradition oder Innovation? Grotto oder Gourmetrestaurant? Beides. Die Region Bellinzona mit ihren eindrücklichen Tälern ist eine Destination für Feinschmecker und Weinkenner, für Nostalgiker und Trendscouts. Sei es die typische lokale Osteria oder das Restaurant, in dem der Küchenchef traditionelle Rezepte neu interpretiert – Bellinzona bietet Vielfalt. Polenta, lokale Wurstwaren und Merlot werden oft als die Essenz der regionalen Küche beschrieben. Doch wer genauer hinschaut und sich etwas Zeit nimmt, entdeckt die Kreativität dieser Region.

Zum Beispiel hier: Jeweils am Samstagmorgen präsentieren die regionalen Produzenten auf dem wunderschönen Markt von Bellinzona ihre Köstlichkeiten. Eine beliebte Veranstaltung, die sich als eine der wichtigsten Tessiner Traditionen etabliert hat. Im historischen Zentrum Bellinzonas stehen die bunten Marktstände und laden ein, frische Produkte von hervorragender Qualität zu kaufen. Denn wenn saisonale Früchte und Gemüsesorten, Spezialitäten, die nach alten Rezepten zubereitet werden, Käse aus den Tälern und gutes Tessiner Brot eingekauft werden, dann wird aus einem normalen Samstag ein Fest.

Und vor dem Sahara-Zelt des Campings Bellinzona schmecken diese regionalen Produkte besonders gut. Vielleicht sind es genau diese Momente, um die es beim Glamping geht: um echten und naturverbundenen Genuss.

Adresse Camping Bellinzona, Via San Gottardo 131, CH-6500 Bellinzona, www.campingbellinzona.ch | Anfahrt auf der A 2 bis zur Verzweigung Bellinzona-Nord, auf die A 13 Richtung San Bernardino abfahren, bei der Ausfahrt Bellinzona Richtung San Gottardo | Öffnungszeiten Frühling – Herbst

79 Der Pod

Vor den Toren Berns

Gerade mal sechs Kilometer von der Schweizer Bundeshauptstadt Bern entfernt liegt ein Campingplatz mit besonderer Atmosphäre: luxuriös und trotzdem gemütlich, urban und trotzdem naturnah. Vor allem das vielfältige Glamping-Angebot macht den Platz zum Schmelztiegel verschiedenster Gäste aus unterschiedlichsten Nationen. Familien, Sportbegeisterte und Alleinreisende aus aller Welt finden hier den passenden Platz. Schön gelegen sind die gepflegten Pods, die im Halbkreis angeordnet sind. Eine Terrasse mit Tisch, Sonnenschirm und Liegestühlen macht das Urlaubsfeeling perfekt. Der angrenzende Fluss namens Aare begeistert Wassersportler und Genießer, die sich treiben lassen wollen.

Und da der Campingplatz direkt vor den Toren der Schweizer Hauptstadt liegt, gehört ein Besuch der von der UNESCO gekürten Berner Altstadt dazu. Das Alpine Museum Schweiz, das Historische Museum, das Kunstmuseum und die Kunsthalle Bern, das Zentrum Paul Klee und das Einstein-Haus bieten genügend spannende Ausstellungen, um Weltenbummler, Kulturliebhaber und Kunstsammler zu faszinieren.

Bern ist immer eine Reise wert – oder einen Zwischenhalt. Historische Gebäude, geheimnisvolle Gässchen und beeindruckende Sehenswürdigkeiten prägen die Stadt. So vielfältig wie die Geschichten sind, so verschieden präsentieren sich die Stadtführungen. Denn hinter den barocken Fassaden lauern schaurige Geschichten und spannende Legenden. Beim Stöbern in Berns Vergangenheit kommt Erstaunliches ans Licht, das so in den Geschichtsbüchern nicht zu finden ist.

Ein weiteres Berner Wahrzeichen ist der Bärenpark. Sehr exklusiv und mit Blick auf die Altstadt leben die legendären Braunbären in der Parkanlage am Aarehang. Das rund 5.000 Quadratmeter große Gelände erstreckt sich vom ehemaligen Bärengraben bis hinunter ans Ufer der Aare und ist hindernisfrei erlebbar – bärenstark.

Adresse TCS Camping Bern, Wohlenstraße 62C, CH-3032 Bern, www.tcs.ch | Anfahrt ab Hauptbahnhof Bern mit Bus 101 oder 107 bis zur Station Eymatt bei Bern, Campingplatz in unmittelbarer Nähe | Öffnungszeiten Frühling–Herbst

80__Das Stelzenbett

Hoch hinaus

Diese ausgefallene, auf den ersten Blick einfache Unterkunft hat es in sich: Stufen hoch, hinlegen und genießen. Die Aussicht auf den Brienzersee ist einmalig, das schöne Doppelbett bequem, und das Licht wird von der Solaranlage gespeist. In erster Reihe direkt am See steht das Zelt auf Stelzen, es bietet einen gemütlichen Schlafplatz für zwei Personen und eine offene Sitzgelegenheit unterhalb der Mezzanine. Lauschig, abenteuerlich und außergewöhnlich – der Camping Bönigen ist ein Glamping-Ort für Naturliebhaber mit einer Leidenschaft für Tradition und Brauchtum.

Das Dorf Brienz führt mit seinen Holzchalets aus dem 18. Jahrhundert noch heute die Tradition der Holzbildhauerei fort. Ein Besuch im Schweizer Holzbildhauerei Museum veranschaulicht die Bedeutung des Kunsthandwerks sehr deutlich. Ein Blick zurück: Bereits im Jahr 1851 erzielte die Brienzer Holzschnitzerei auf der Weltausstellung in London einen ersten internationalen Erfolg. 1884 erfolgte die Gründung der »Schnitzlerschule Brienz«, die 1928 zu einer Fachschule und Lehrwerkstatt wurde. Als derzeit einzige Institution in der Schweiz ermöglicht die »Schule für Holzbildhauerei« jungen Menschen, das Holzbildhauerhandwerk zu erlernen. In selbstständigen Betrieben fertigen die Absolventen anspruchsvolle Auftragsarbeiten und auch Souvenirartikel an. Die Verbindung von Holzschnitzerei und Tourismus ist trotz vielfältiger Diversifikationsversuche auch nach zwei Jahrhunderten noch sehr eng.

Bereits die Anreise nach Brienz entlang des türkisfarbenen Sees eröffnet einen faszinierenden Blick – vorbei an lauschigen Dörfern, tosenden Wasserfällen und reizvollen Landschaften. Eindrücklich ist auch die Fahrt mit der Zahnradbahn aufs Brienzer Rothorn. Dann dampft, quietscht und qualmt es. Die einzige Schweizer Zahnradbahn mit Dampfbetrieb ist seit 1892 in der Spur und bringt täglich Spitzenleistung.

Adresse Camping Bönigen Brienzersee, Campingstraße 14, CH-3806 Bönigen, www.tcs.ch | Anfahrt auf der A 8 Richtung Interlaken, bei der Ausfahrt Bönigen abzweigen und dann den Schildern zum Campingplatz folgen | Öffnungszeiten Frühling–Herbst

81 Das Tipi

Schön nah am Wasser gebaut

Bekanntlich kann Reisen ohne eigene Ausrüstung auch Stubenhocker zu spontanen und naturverbundenen Campern machen. Großen Spaß und Individualität bietet Glampen in Tipis auf dem Campingplatz in Buochs. Mit einem bequemen Doppelbett und anderen Annehmlichkeiten ausgestattet, sind die Tipis zu echten Publikumsmagneten geworden. Doch die komfortable Einrichtung ist bei der Übernachtung im Tipi nicht die Hauptsache. Ein Tipi ist viel mehr. Geniale Behausung? Natur pur? Oder schlicht und einfach ein romantischer Sehnsuchtsort? Von allem etwas. Deshalb wäre es untertrieben, ein Tipi schlicht als Zelt zu bezeichnen. Denn ein Tipi bietet Bewegungsfreiheit, ist mit gemütlichen Sitz- und Schlafmöglichkeiten versehen – kurz: ein Haus mit dem besonderen Etwas. Das umwerfende Ambiente einer solch attraktiven und funktionalen Unterkunft wirkt auf manche gar magisch.

Beim Tipi handelt es sich um ein traditionelles Zelt der Urvölker Nordamerikas, das in vollkommener Harmonie mit der Natur steht und ohne Verwendung von Kunststoff oder Metall auskommt. Es fügt sich bestens in die Landschaft ein und sorgt für ein äußerst stilvolles, ja romantisches Flair. Der außergewöhnlich hohe Zelthimmel ermöglicht viel Freiraum und lässt große Gedanken zu. An kühlen Tagen oder Nächten und vor allem bei Sommerhitze schafft ein ausgeklügeltes Ventilationssystem ein angenehmes Raumklima. Und trotz seiner Größe ist ein Tipi äußerst stabil und wetterfest.

2017 wurde der Vier-Sterne-TCS-Camping Buochs modernisiert. Die Lage direkt am Ufer des Vierwaldstättersees im Herzen der Zentralschweiz ist eindrücklich und fasziniert mit dem herrlichen Panorama der Innerschweizer Alpen. Der Campingplatz glänzt mit einem umfangreichen Glamping-Angebot und einem Badesee zum Abtauchen. Er befindet sich direkt an der A 2 und eignet sich daher auch ideal als Zwischenstopp auf dem Weg in den Süden.

Adresse Camping Buochs, Seefeld 4, CH-6374 Buochs, www.tcs.ch | Anfahrt auf der A2 Richtung Gotthard, bei der Ausfahrt Stans-Süd abzweigen und den Schildern Richtung Buochs und zum Campingplatz folgen | Öffnungszeiten Frühling–Herbst

82 Der Family Pod

Kinderfreundlich am Badesee

Umgeben von den majestätischen Bündner Alpen spüren die Gäste in Disentis das beschauliche Bergleben hautnah. Herzstück und Treffpunkt des schönen Vier-Sterne-Campingplatzes bilden der idyllische Naturbadesee und der große Wasserspielplatz für Kinder, die sich hier besonders wohlfühlen. Der Family Pod ist die ideale Unterkunft für alle, die es gern unkompliziert haben, aber trotzdem nicht auf Komfort verzichten möchten und mit der ganzen Familie den Glamping-Lifestyle genießen wollen. Diese heimelige Holzunterkunft ist einfach, aber komfortabel eingerichtet, mit einem Doppelbett und einem ausziehbaren Sofabett, einer Küchenzeile sowie einem Tisch mit Stühlen. Genau das Richtige, um mit Kindern in den Ferien glücklich zu sein.

Natürlich werden auch Kultur- und Naturbegeisterte jeden Tag etwas Neues erleben. Historische Schätze im 1.400 Jahre alten Kloster Disentis und unzählige Wanderwege über Wiesen und durch Wälder sind nur zwei Beispiele, die in dieser wunderschönen Region entdeckt werden können. Besonders sehenswert ist das Benediktinerkloster. Es liegt oben im Vorderrheintal von Graubünden, an der Kreuzung von Lukmanier- und Oberalppass. Die Abtei wurde im 7. Jahrhundert vom fränkischen Wandermönch Sigisbert unter Mithilfe des einheimischen Räters Placidus gegründet. Ein Kloster, das ein reiches kulturelles Erbe bewahrt. Die barocke Anlage zeugt von der großzügigen Zuversicht der nachreformatorischen Zeit und setzt ein markantes Zeichen.

Oder doch Lust auf Abenteuer? Dann sollte der Familienurlaub so richtig vergoldet werden. Denn in der Ferienregion Disentis Sedrun soll es nach unbestätigten Quellen mehr Goldvorkommen als in der berühmten Bahnhofstraße in Zürich geben. Aber Achtung: Das Schürfgebiet wurde eingeschränkt. Wer das goldige Geheimnis lüften will, sollte mit den Goldwäscher-Profis auf Spurensuche gehen.

Adresse Camping Disentis, Fontanivas 9, CH-7180 Disentis, www.tcs.ch | Anfahrt auf der A3 und der A13 bis zur Ausfahrt Reichenau, dann Richtung Disentis/Mustér/Ilanz/Flims/Domat/Ems abzweigen | Öffnungszeiten Frühling–Herbst

83 Das Zinipi

Familiärer Platz mit Herz

Familiär, erholsam und innovativ. Was 1965 gegründet wurde, ist heute ein wunderschöner Treffpunkt von Campern und Glampern, von Naturliebhabern und Outdoor-Aktiven: der Camping Hüttenberg. Früher noch landwirtschaftlich genutzt, ist er heute ein Campingplatz, der als Familienbetrieb bereits in der dritten Generation geführt wird. Die Lage am Bodensee ist einmalig. Ein See, der sich in drei Teile – den Ober-, den Überlinger und den Untersee – gliedert und an den die drei Länder Deutschland, Österreich und die Schweiz grenzen. Verbindliche Staatsgrenzen wurden auf dem Wasser nie gezogen, die Zuständigkeitsbereiche der drei Anrainerstaaten sind dennoch klar definiert. Und just am idyllischen Untersee liegt der Camping Hüttenberg und bietet einmalige Ruhe und Erholung. Und Glamping-Unterkünfte, die dicht am Puls der Zeit sind.

Die Zinipi Lodges sind smarte Holzhäuser für besondere Ansprüche. Aus leimfreiem Vollholz gebaut und mit Arvenholz ausgestattet, garantieren die Lodges einen erholsamen Urlaub inklusive feinstem Holzduft. Mit rund neun Quadratmetern Wohnfläche bietet ein Zinipi Platz für zwei bis drei Personen. Die Unterkunft ist zwar klein, aber an einem ruhigen Standort gelegen und sorgt für einen tollen Ausblick auf den Untersee und den Rhein. Durch das Panoramafenster geht die Sonne quasi vom Bett aus über dem Wasser auf. Die Zinipi Lodges verfügen je über ein Doppelbett und ein Einzelbett, das auch als gemütliche Sitzecke genutzt werden kann. Ein kleiner Tisch mit Hockern, Infrarot-Deckenheizung, Beleuchtung, Radio und Lautsprechersystem, das mit dem eigenen Smartphone bedient werden kann, runden die Einrichtung ab.

Bereits seit Jahrhunderten ist Holz als Baumaterial sehr populär. Die hohe Wärmedämmung und die Tatsache, dass Holz ein exzellentes Raumklima schafft, garantieren unvergessliche Urlaubstage und -nächte.

Adresse Camping Hüttenberg, Manuela und Marcel Meier, Hüttenberg, CH-8264 Eschenz, www.camping-huettenberg.ch | Anfahrt auf der A 1 bis zur Verzweigung Winterthur-Ost, auf der A 7 Richtung Konstanz / Kreuzlingen / Frauenfeld, bei der Ausfahrt Frauenfeld-West Richtung Frauenfeld und Eschenz | Öffnungszeiten Ende März – Mitte Okt.

84 Das Gondelbett

Im Matterhorn-Express

Vielleicht saß der eine oder die andere bereits irgendwann schon mal in dieser Gondel. Bis Anfang 2022 war sie noch in Zermatter Händen und beförderte Passagiere in Richtung Klein Matterhorn. Bis sie sich auf den über 100 Kilometer weiten Weg nach Thun machte. Es ist die Gondel Nummer 52 des berühmten Matterhorn-Express, die nun in Fahrni bei Thun steht und zu einer abenteuerlich-romantischen Nacht einlädt. Nach einem Umbau bietet diese einmalige Unterkunft nicht nur ein Doppelbett, sondern auch eine gemütliche, gut ausgestattete Sonnenterrasse mit Blick auf die spektakuläre Berner Alpenkette, saftige Wiesen und tiefe Täler.

Nach einem Tag voller Bergabenteuer ist das genau das Richtige, und Bergerlebnisse gibt es hier natürlich mehr als genug, schließlich steht das Gondelbett mittendrin. Den richtigen Weg zu finden ist einfach: Wanderführer existieren zuhauf, Routen auch. Und da ist auch noch die Stadt Thun, dieses kleine Juwel, das etwas genauer unter die Lupe genommen werden sollte.

Historische Schauplätze, zeitgemäße Stadterlebnisse: Es lohnt sich, die Stadt Thun besser kennenzulernen. Als beliebtes Fotosujet zeigt sich die Obere Hauptgasse mit ihren prägnanten Hochtrottoirs, den vorstehenden Dächern und den bunten Häuserfassaden von ihrer schönsten Seite. Die Gasse zwischen Rathausplatz und Lauitor glänzt mit ihrem spezifischen Charakter und dem ungewöhnlichen Straßenprofil. Via Obere Hauptgasse gelangen Gäste übrigens mit einem Lift bequem auf den Schlossberg.

Apropos Schlossberg: Das majestätische Schloss Thun ist nicht zu übersehen – weder vom Fußweg noch vom Auto oder vom Schiff aus. Der Donjon mit seinen vier Türmen überragt und prägt die von Wasser, Bergen und Hügellandschaften umgebene Stadt. Bereits im 12. Jahrhundert ließen die Herzöge von Zähringen die imposante Anlage erbauen. Mit dem Bauwerk demonstrierten sie ihre Macht auf den lokalen Handelswegen.

Adresse Gondelbett Fahrni bei Thun, Rachholtern 55, CH-3617 Fahrni bei Thun, www.adventurly.ch | Anfahrt auf der A 6 bis Ausfahrt Thun-Nord, weiter Richtung Thun-Nord / Gunten / Heimberg / Steffisburg, in Steffisburg Richtung Fahrni | Öffnungszeiten Mai – Okt.

85 Das Safarizelt Deluxe

Kaffeemaschine inklusive

Nichts wie rein in den Rhein! Wer Wasser mag, wird sich in den Camping Flaach in der Ostschweiz direkt am Ufer des berühmten Flusses verlieben. Ein Platz, der mit seinem breiten Glamping-Angebot punktet, der großzügig angelegt ist und zum Campieren mit dem gewissen Extra einlädt. Mehr noch: Der zeigt, wie naturnah Luxus heute sein kann. Vor allem im Safarizelt Deluxe. Doch was macht dieses Zelt so besonders anziehend? Vielleicht die Küche und das Bad, die zwei Schlafzimmer, die möblierte Terrasse oder auch die Kaffeemaschine, die für das perfekte Wachwerden sorgt? Es ist die Mischung, die einen Campingplatz in einen glamourösen Ort verwandelt.

Wer schon am Rheinufer übernachtet, der sollte sich auch den weltbekannten Rheinfall in Schaffhausen genauer ansehen, eine Bootsfahrt buchen und sich von dieser faszinierenden Naturgewalt überwältigen lassen. Auf dem Fluss zu verweilen, eine spektakuläre Rheinfallbecken-Rundfahrt zu erleben und entlang des sieben Kilometer langen »rheinischen Amazonas« vom Bootsführer mehr über die Landschaftsgeschichte zu hören, ist ein prickelndes Erlebnis nah am Puls des größten Wasserfalls Europas, der sicherlich den meisten Sehenswürdigkeiten das Wasser reichen kann.

Schon klar, die Schweiz ist für eines der bestausgebauten ÖV-Netze weltweit bekannt – jeder kommt immer überallhin, auch in die abgelegensten Orte. Ganz zu schweigen von den Fahrradwegen, die rund um Flaach herrliche Seesicht und so manchen Meilenstein bieten. Aber wer sich dem Glamping verschrieben hat, will vielleicht noch eine Schippe drauflegen und steigt auf dieses rasante Angebot ein: Direkt auf dem Campingplatz wird ein BMW i3 Elektro-Kleinwagen vermietet, mit dem noch mehr Unabhängigkeit zelebriert und noch mehr Sehenswürdigkeiten angeschaut werden können. Überraschungen lauern in dieser Region an jeder Ecke und sind mit allen Wassern gewaschen.

Adresse TCS Camping Flaach, Stäubisallmend 4, CH-8416 Flaach, www.tcs.ch | Anfahrt auf der A 51 Richtung Schaffhausen, die Ausfahrt Richtung Schaffhausen / Eglisau nehmen, dann den Schildern nach Flaach / Rüdlingen folgen | Öffnungszeiten Ende März – Okt.

86__Das Baumzelt

Für urbane Überflieger

Luftschlösser bauen und darin schlafen? Kein Problem! Der Ort für die Traumnacht liegt zwischen den Bäumen und hängt an einem Faden. Nein, natürlich an Seilen. Baumzelte erfreuen sich immer größerer Beliebtheit – nicht nur bei jungen Gästen. Bei den einen sind es Kindheitserinnerungen an Hängematten, bei den anderen ist es die reine Abenteuerlust, Spaß haben aber alle. Also ab in die Bäume, hinein in das aufgehängte Zelt und sich in den Schlaf wiegen lassen! Keine Angst, es besteht definitiv keine Absturzgefahr: Die Zelte sind an den Baumstämmen gut fixiert und lassen sich auch sicher erklimmen.

Allein das Baumzelt ist schon eine Nacht wert, doch wenn es noch dazu an einem spektakulären Platz hängt, dann ist das Erlebnis perfekt. Deshalb sind die Tree Tents am Fuß des Pilatus auf der Fräkmüntegg besonders schön. Einzigartig die Natur, einzigartig die Berge. Und die Überraschung: Die Gäste haben exklusiven Zugang zum Seilpark, genießen abends ein schönes Barbecue mit Salat und Nachspeisen sowie morgens ein ausgiebiges Frühstück.

Doch bevor die Abenteurer ihr Luftschloss zwischen den Bäumen besteigen, bietet die Natur noch einen spektakulären Sonnenuntergang. Übrigens, die Tree Tents sind für zwei bis drei Personen vorgesehen. Und am nächsten Morgen? Da geht's auf den Pilatus. Diese recht kurze, aber doch intensive Bergwanderung führt von der Bergstation Fräkmüntegg der Panorama-Gondelbahn Kriens über den Heitertannliweg und den Klimsensattel hinauf auf den Pilatus-Kulm auf 2.119 Metern über dem Meer. Konditionell sicher kein Pappenstiel, aber aussichtsreich und wunderschön. Denn rund 800 Höhenmeter haben es in sich. Wer sich wohlfühlt in den Bergen und trittsicher ist, der schafft den Weg in knapp drei Stunden. Oben angekommen, eröffnet sich ein äußerst bemerkenswerter Fernblick auf die umliegenden Gipfel der Zentralschweizer Voralpen.

Adresse Tree Tents Fräkmüntegg, Schlossweg 1, CH-6010 Kriens, www.pilatus.ch | Anfahrt auf der A2 Richtung Luzern bis zur Ausfahrt Luzern Süd/Kriens, bei der Talstation der Panorama-Gondelbahn Kriens-Krienseregg-Fräkmüntegg parken | Öffnungszeiten Juni–Aug.

87__Die Bubble-Suite

Romantik auf der Wiese

Wer eine unvergessliche Sternennacht im Gebirge erleben möchte, muss keinen Viertausender besteigen. In den sanften Hügeln des Solothurner Juras werden auch Großstadthektiker im Nu zu Romantikerinnen und Naturburschen. Umgeben von saftigen Wiesen und unberührten Wäldern liegt der Berghof Montpelon etwas abseits oberhalb von Gänsbrunnen. Doch das Kleinod des Hofes befindet sich etwas erhöht mitten in der Wiese: die Bubble-Suite. Dieses transparente Zelt steht mitten in der Natur, ist mit einem Doppelbett samt Daunendecken ausgestattet und lädt zu einer besonderen Übernachtung ein: Nachts den Sternenhimmel sehen, frühmorgens Vögel beobachten, inmitten der Natur schlafen und sich dennoch sicher und geborgen fühlen. Wem diese Beschreibung zu romantisch klingt, der legt sich nach einer schönen Jurawanderung einfach ins gemachte Nest und schläft in aller Seelenruhe bis zum Sonnenaufgang. Für die einen märchenhaft, für die anderen naturnah – eine Übernachtung in der Bubble-Suite hat viele Facetten.

Abgeschieden, aber dennoch gut erreichbar: Der Berghof Montpelon liegt knapp zwei Kilometer von der Hauptstraße entfernt bei Gänsbrunnen. Eingebettet in den Hügelzügen des Solothurner Juras können im Eventbauernhof verschiedene Feste gefeiert werden. Und wer nur auf einer Hochzeit tanzt, nämlich auf der eigenen, muss sich um die Hochzeitsnacht keine Gedanken machen. Die Bubble-Suite bietet schließlich den besten Weitblick in eine gemeinsame Zukunft.

Sie liegt im Naturpark Thal, und der kann neben herrlichen Wanderungen auch mit tollen Erlebnissen aufwarten. Sei es ein Crashkurs in Ornithologie, eine Hommage an die Bienen oder eine Spurensuche im Wald – das Angebot ist riesig, kreativ, und für jedes Alter ist etwas Passendes dabei. Schließlich bringt Glamping den Menschen die Natur von ihrer schönsten Seite näher und macht auch neugierig.

Adresse Bubble-Suite Berghof Montpelon, Backiweg, CH-4716 Gänsbrunnen, www.adventurly.ch | Anfahrt auf der A1 bis Ausfahrt Oensingen, dann weiter Richtung Delémont/Balsthal/Moutier bis Gänsbrunnen, dort den Schildern zum Berghof folgen | Öffnungszeiten Frühling–Herbst

88 Das Biwak

Stadtnah in erhöhter Lage

Mit eigenem Zugang zum Genfersee, auf Stelzen erhöht und mit Blick auf ein Denkmal: Auf dem Camping Genève-Vésenaz kann man im hübschen Biwak mit gemütlichem Doppelbett bei klarem Wetter sogar den Jet d'eau sehen – das Wahrzeichen Genfs. Idyllisch am Genfer Stadtrand gelegen, vereint dieser Campingplatz zwei Welten, zwei Lebensrhythmen: das Naturerlebnis am schönen Seeufer und das Pulsieren der Weltmetropole. Dennoch lassen sich beide Facetten der Stadt vereinen. Es gibt Reisende, die sind von Genf verzaubert, manche gar schockverliebt, denn das Savoir-vivre in der französisch geprägten Weltstadt ist so schön wie wohltuend. Der Bus bringt die Campinggäste in nur zehn Minuten in das Zentrum von Genf, wo sich Wirtschaft, Kultur, Luxus und Historie die Hand reichen, wo internationale Organisationen, etwa das Rote Kreuz (IKRK) oder die Europäische Organisation für Kernforschung (CERN), beheimatet sind.

Dass beide Organisationen besucht werden können, ist toll und bietet die Möglichkeit für ein unvergessliches Erlebnis. Das Internationale Rotkreuz- und Rothalbmondmuseum stellt die zentrale Frage: Wieso geht humanitäres Handeln uns alle etwas an, hier und jetzt? Die Ausstellung ist so eindrücklich wie modern gestaltet, informativ und berührend. Ein einzigartiges Museum im Herzen der internationalen Stadt in der Nähe des Palais des Nations, das das Verständnis für die Geschichte, die aktuellen Ereignisse sowie die Herausforderungen des humanitären Handelns in der Schweiz und weltweit fördert.

Auch wer sich unter Teilchenphysik nichts vorstellen kann, wird von der Europäischen Organisation für Kernforschung (CERN) begeistert sein. Das 1954 gegründete Zentrum ist eines der größten und renommiertesten wissenschaftlichen Laboratorien der Welt und widmet sich der Teilchenphysik und der Erforschung der Gesetze des Universums.

Adresse TCS Camping Genève-Vésenaz, Chem. de la Bise 19, CH-1222 Vésenaz, www.tcs.ch | Anfahrt auf der A 1 Richtung Genève / Morges, dann auf der A 1a Richtung Evian / Genève-lac, die Ausfahrt Genève-lac nehmen, durch Genf fahren und den Schildern Richtung Cologny folgen | Öffnungszeiten Camping: Frühling – Herbst; Internationales Rotkreuz- und Rothalbmondmuseum: Di – So 10 – 18 Uhr; CERN: Di – So 9 – 17 Uhr

89__Das Nomadenzelt

Erfrischung an der Maggia

Üppige Vegetation, idyllische Dörfer, majestätische Berggipfel: Im typischen Tessiner Dorf Gordevio liegt ein Campingplatz von großer Naturschönheit. Mitten in der zauberhaften Atmosphäre des Maggiatals – oder Valle Maggia, wie es die Tessiner nennen – zieht der Platz Gäste aus aller Welt an. Umso bemerkenswerter ist es, dass sich der Vier-Sterne-Camping Gordevio – weit weg vom hektischen Leben und den touristischen Hotspots – viel Ruhe bewahren konnte. Und weil er nur einen Steinwurf von der kristallklaren smaragdgrünen Maggia entfernt ist, liegen erfrischende Abenteuer nah. Wer aber glaubt, dass nur eingefleischte Camper hier willkommen sind, irrt. Auf dem Campingplatz wird auch glamourös übernachtet.

Also ab ins Nomadenzelt mit Doppelbett, Holzterrasse und Strandstühlen! Ab ins Abenteuer und auf Erkundungstour! Im viel beschriebenen und gut besuchten Maggiatal finden alle ihren Sehnsuchts- oder Kraftort. Einer, der besonders kraftvoll sein soll, ist Mario Bottas Kirche in Mogno. Sie befindet sich im hinteren Maggiatal und ist ein Mahnmal gegen den weißen Tod – ein architektonisches Meisterwerk gegen das Vergessen: Am 25. April 1986 ging morgens um 7.15 Uhr in Mogno eine Lawine nieder und zerstörte die kleine Kirche aus dem 17. Jahrhundert. Einmal mehr zeigte sich die Unberechenbarkeit und Unbändigkeit der Natur.

Kurz darauf wurde der Tessiner Architekt Mario Botta beauftragt, die Kirche neu zu erbauen. 1990 wurde sie eingeweiht, und Botta schuf damit eines seiner wichtigsten Werke – er ist international für seine Sakralbauten bekannt. Der gewagte Bau aus einheimischem Peccia-Marmor und Vallemaggia-Granit war äußerst umstritten, entwickelte sich aber zu einer weit über die Landesgrenzen hinaus bekannten Sehenswürdigkeit. Das Gotteshaus hat keine Fenster. Nur das Licht, das durch ein Glasdach einfällt, erhellt das Innere des Bauwerks.

Adresse Camping Gordevio Valle Maggia, Via al Campécc 6, CH-6672 Gordevio, www.tcs.ch | Anfahrt auf der A 2 bis Ausfahrt Bellinzona-Sud, weiter Richtung Lugano und dann Richtung Luino / Magadino / Locarno, Ausfahrt Centovalli / Onsernone / Vallemaggia / Losone nehmen | Öffnungszeiten Frühling – Herbst

90 Die SwissTubes

In der Röhre schlafen

Schlafen in der Röhre – das ist außergewöhnlich. Die SwissTubes sind in der Tat ein besonderes Urlaubserlebnis. Jede der originellen Röhren aus Beton ist eine für sich geschlossene Wohneinheit. Als Glamping-Empfehlung natürlich mit Dusche und Toilette. Eine Architektur, die auffällt und für die »Arteplage« der Expo.02 entwickelt wurde.

Im Modulbau ist für vier, sechs oder acht Personen Platz. Frisch renoviert und liebevoll eingerichtet, macht der Aufenthalt dort allen Spaß. Es sind die großen Panoramafenster, die eine herrliche Sicht auf den Park, den See und natürlich die beeindruckenden Berge ringsum ermöglichen. Die kleine Terrasse mit Tisch und Stühlen sowie schönen Sträuchern bietet viel Privatsphäre. Auch in der Hauptsaison, wenn das Treiben auf dem Campingplatz emsig ist, liegen die Tubes etwas abseits und garantieren ein unvergessliches und entspanntes Naturerlebnis.

Der Thunersee ist wunderschön und erscheint je nach Uhr-, Tages- und Jahreszeit in vielfältigen Blau- und Grüntönen. Vom Ufer aus lässt das klare Seewasser jedenfalls tief blicken. Ein Platz, an dem man besonders gut durchatmen kann. Und wenn sich auf der Wasseroberfläche das Bergpanorama spiegelt, dann sind die Betrachter allesamt beseelt.

Aber auch der Wassersport kommt hier nicht zu kurz. Der Anblick der Segelboote weckt den Wunsch nach einer berauschenden Fahrt – ob aus eigener Muskelkraft mit einem Stand-up-Paddle, bei einer gemütlichen Fahrt mit dem Dampfschiff oder einer Runde mit dem Ruderboot. Ein besonderes Highlight dabei ist der Blick auf die Berggipfel von Eiger, Mönch und Jungfrau. Und auch die umliegende Bergwelt mit Niesen, Stockhorn und Niederhorn sowie die am Ufer liegenden Schlösser sorgen garantiert für viele schöne Momente. Übrigens gibt es rund um den Thunersee viele idyllische Dörfer zu entdecken, die die Besucher mit ihrem Charme verzaubern.

Adresse TCS Camping Thunerseee, Gwattstraße 103, CH-3645 Gwatt, www.tcs.ch | Anfahrt vom Bahnhof Thun mit Bus 1 nach Gwatt, Haltestelle Camping; mit dem Auto auf der A 6 Richtung Thun bis zur Ausfahrt Gwatt, dann links abbiegen und den Schildern Richtung TCS Camping folgen | Öffnungszeiten Frühling – Herbst

91_Das Himmelbett

Schlafen unter dem Apfelbaum

Früher eine willkommene Arbeitserleichterung in der Landwirtschaft, heute ein kreatives Übernachtungsangebot: Auf dem Wagen eines Rapid-Spezial-Motormähers lädt das neueste Himmelbett von Thurgau Tourismus zu einer unvergesslichen Nacht ein. Der Einachser mit aufgebautem Doppelbett kann in lauen Sommernächten unter dem Lieblings-Apfelbaum auf dem Hagschnurer Hof in Hüttwilen geparkt werden. An diesem außergewöhnlichen Freiluft-Standort mit nichts als dem Apfelbaum und dem Sternenhimmel über sich lassen sich die Düfte und Farben der Natur ungefiltert und hautnah erleben. Und wenn's regnet? Kein Problem: Unbeständiges Wetter wird niemandem diese besondere Nacht verderben. Eine durchsichtige Plane wird über das Himmelbett gespannt. Und wenn das Wetter noch ungemütlicher wird, steht eine Notunterkunft zur Verfügung.

Äpfel haben am Schweizer Ufer des Bodensees große Tradition. Im Frühling verwandelt sich die Landschaft in ein wahres Blütenparadies. Die wohl schönste Jahreszeit mit den saftig grünen Wiesen und der weißen Blütenpracht lässt sich besonders gut bei einer Radtour oder einer Wanderung erleben.

Der Apfel ist bescheiden. Er wird oft als gewöhnlich beschrieben, gilt gar als »Plan B« in der vielfältigen Obstauswahl. Aber wäre der Apfel nicht gewesen, wären Legenden, Märchen und sogar der alttestamentarische Sündenfall anders verlaufen. Kurz: Der Apfel ist ein besonderes Früchtchen.

Aber zurück zum Himmelbett unter dem Apfelbaum: Am südlichen Ufer des Bodensees breitet sich auf sanften Hügeln die liebliche Landschaft des Thurgaus aus. Vielerorts schlängeln sich die Straßen an Apfelhainen entlang. Zu allen Jahreszeiten prägen die Obstbäume das eindrückliche Landschaftsbild, von der »Blueschti« im Frühjahr bis zur Ernte im Spätsommer. 200 verschiedene Sorten und über 210.000 Hochstamm-Apfelbäume gibt es im Thurgau.

Adresse Schlafen unter dem Apfelbaum, Hagschnurer 7, CH-8536 Hüttwilen, www.thurgau-bodensee.ch | **Anfahrt** auf der A 7 bis Ausfahrt Frauenfeld-West, danach weiter Richtung Warth-Weinigen | **Öffnungszeiten** Aug.–Okt.

92 Die Halbkugel

Mitten in den Reben

Die Kartause Ittingen mit ihrem Hotelbetrieb ist in der Schweiz längst ein sicherer Hafen für Entschleunigung und Einkehr. Das ehemalige Kartäuserkloster ist bis heute authentisch erhalten und wurde entsprechend restauriert. In den alten Klostermauern ist zwar viel los, aber dennoch wird auf einen behaglichen Rhythmus geachtet. Man findet hier das Kunstmuseum Thurgau, das Ittinger Museum, einen Gutsbetrieb und eine Vielzahl von unbeschreiblich schönen Gärten.

Und in dieser Kulisse ist nun eine Bubble-Suite für Gäste buchbar. Obwohl die Sternenguckerei derzeit etwas oft propagiert wird, ist der Blick in den Himmel von hier aus besonders strahlend. Zur Übernachtung im durchsichtigen Hotelzimmer gibt es reichhaltige Frühstücks-Leckereien aus dem Gutsbetrieb und freien Eintritt ins Ittinger Museum, das die fast vollständig erhaltene Klosteranlage der Öffentlichkeit zugänglich macht. Es ist eines von sechs kantonalen Museen im Thurgau. Eingerichtet wurde es 1983 von Dr. Margrit Früh, der damaligen Direktorin des Historischen Museums Thurgau.

Wer auf Touren kommen und sich noch etwas die Beine vertreten möchte, kann auch ein hoteleigenes Fahrrad oder E-Bike ausleihen. Der Kanton Thurgau ist ein Paradies für Radfahrer. Auf den verschiedenen Routen bleiben Sehenswürdigkeiten nicht auf der Strecke, eine Schifffahrt ist ebenfalls zu empfehlen, und ein herzhaftes Ittinger Picknick ist sehr willkommen.

Zurück in der Kartause wird ein Gartenrundgang zum farbenfrohen Genuss. Entdeckt wird der Klostergarten auf besondere Art: Vier virtuelle Personen begleiten die Besucher zu speziellen Orten, erzählen Geschichten und erklären die verborgenen Schönheiten. So führen vier Themenpfade durch die Anlage und die Jahrhunderte. Ein wunderbarer Weg, um die verschlungenen Pfade kennenzulernen. Das Audioguide-Gerät kann an der Museumskasse ausgeliehen werden.

Adresse Kartause Ittingen, Stiftung Kartause Ittingen, CH-8532 Warth, www.kartause.ch | Anfahrt auf der A 4 bis zur Ausfahrt Kleinandelfingen, weiter Richtung Andelfingen/Ossingen/Kleinandelfingen und den Schildern zur Kartause Ittingen folgen | Öffnungszeiten Frühling–Herbst

93 Das Pop-up-Dorf

Magisch auf der Alm

Ganz einfach ist es nicht, die Alp Nagens auf 2.000 Metern zu erreichen. Aber der Weg lohnt sich. Und die letzten Kilometer mit dem Shuttlebus ab Laax sind nicht nur aufregend schön, sondern im Übernachtungspreis inkludiert. Zu Fuß kann die Alp auch erreicht werden. Das Pop-up-Glamping-Dorf oberhalb von Laax wurde 2019 erstmals vorgestellt und wird von Jahr zu Jahr beliebter.

Von Ende Juni bis Mitte September werden 20 gemütliche und komfortabel eingerichtete Baumwollzelte und zwei zauberhafte Mahal-Zelt-Suiten zu einem ungewöhnlichen hochalpinen Dorf aufgebaut. Dieses Naturerlebnis mit luxuriös anmutender Inneneinrichtung bietet ein Panorama, das eindrücklicher nicht sein könnte. Der Standort ist bestechend. Nur wenige Meter oberhalb des Speichersees macht der Blick auf die atemberaubenden Bündner Berge diesen Flecken Erde zu einem Sehnsuchtsort.

Das Pop-up-Glamping-Dorf hat über die Landesgrenzen hinaus für Aufmerksamkeit gesorgt: Es wurde mit dem ADAC Camping Award, dem »Oscar« der Campingbranche, in der Kategorie »Innovation und Fortschritt« ausgezeichnet. Eine Nacht hoch oben auf der Alm übertrifft alle Erwartungen. Sogar bei Regen und frischen Temperaturen hält das Zelt-Dorf noch einen Joker bereit: eine Sauna mit Weitsicht neben Kühen auf der Wiese. Natürlich ist die Kulinarik auf dem Berg regional und gut. Aber einzigartig ist das hübsche TukTuk, das am Morgen mit einem wunderbaren Frühstück aufwartet. Das ist wichtig, denn vor einer großen oder kleinen Wanderung braucht es Powerfood.

Mit der imposanten Rheinschlucht und der UNESCO-Welterberegion Sardona überzeugt die Destination Flims Laax Falera als idealer Ausgangspunkt für einmalige Erlebnisse in den Schweizer Bergen. Das TCS Pop-up-Glamping-Dorf ist zweifellos am Puls der Zeit und kommt dem Bedürfnis nach Entschleunigung nach. Natürlich ohne dabei auf Annehmlichkeiten und Magie zu verzichten.

Adresse TCS Pop-up Glamping, Alp Nagens, CH-7032 Laax, www.tcs-glamping.ch | Anfahrt auf der A 3 und der A 13 bis Reichenau / Rheinbrücke, Ausfahrt Reichenau nehmen, dann bis Via Crestas / Via Tuleu su Laax, ab Laax ausschließlich mit dem Postauto auf die Alp Nagens | Öffnungszeiten Ende Juni – Mitte Sept.

94 Das Maisbett

Süß ist ein Bett im Mais

Maisfelder haben seit jeher etwas Mystisches. Einen seiner großen Kino-Auftritte verdankt das Maisfeld niemand Geringerem als Stephen King. In »Kinder des Zorns«, dem Klassiker aus dem Jahr 1984, spielt der Mais eine Hauptrolle. Aber genug von schaurigen Geschichten, schließlich soll im Maisbett in Laupen ohne Alpträume geschlafen werden. Das Bett im Feld ist wunderschön und liebevoll gestaltet.

Rund um das kleine Refugium mitten in den hohen Pflanzen – mit attraktivem Doppelbett, einem Außenbad und einem entzückenden Toilettenhäuschen – schirmt ein schmucker Holzzaun das Gelände ab. Wer das Gartentor mit einem Schlüssel öffnet und einen schmalen Weg entlanggeht, gelangt wie von Zauberhand zum Bett im Maisfeld. Romantisch? Mit Sicherheit. Abgeschieden? Das auch.

Und wer sich vor dem Schlafengehen austoben möchte, findet im Maislabyrinth gleich nebenan einen passenden Tummelplatz. Auf einer Fläche von zwei Fußballfeldern und einer Länge von rund zwei Kilometern erwartet die Gäste ein grüner Irrweg. Irren im Mais ist menschlich, Auswege finden erwünscht. Aber warum ist die Faszination eines Labyrinths so groß? Und wer bitte hat das Maislabyrinth erfunden? Die Schweizer waren es schon mal nicht. Offenbar waren es die Initiatoren eines Hilfsprojektes in Annville, Pennsylvania im Jahr 1993. Irrgärten gibt es aber schon seit der Renaissance – und sie feiern nun ein Revival.

Aber wie entstehen Maisfelder, die in die Irre führen? Die smarte Variante: Die Maiskörner werden mit Hilfe einer GPS-gesteuerten Saatmaschine ausgestreut. Bei diesem Vorgehen lässt sich der Irrweg direkt bei der Aussaat anlegen – er wurde im Vorfeld am Computer geplant. Die konventionelle Variante: Die Maiskörner werden in Reihen über das ganze Feld ausgesät. Sind die Pflanzen auf Kniehöhe gewachsen, werden sie auf dem zukünftigen Irrweg mit einer Hacke in den Boden untergepflügt.

Adresse Maisbett im Steinhof Laupen, Moosgärtenweg 3, CH-3177 Laupen, www.steinhofruprecht.ch | **Anfahrt** auf der A 12 bis Ausfahrt Neuenegg, dann weiter Richtung Laupen, Parkplätze am Labyrinth vorhanden | **Öffnungszeiten** Aug. – Mitte Sept.

95_Die Holzbungalows

Design direkt am See

Der Schweiz von einer anderen, einer der schönsten Seiten begegnen: in Poschiavo. Inmitten eines alten Parks stehen die fünf luxuriösen Bungalows Sara Lago. Nah am Seeufer gelegen, schenken sie vollkommene Ruhe und Entspannung. Nichts stört, nichts verstellt die Sicht aufs Ufer – schon beim Aufwachen schweift der Blick auf den herrlich blauen See. Die Bungalows wurden von einem lokalen Architekten entworfen und in Zusammenarbeit mit Handwerksbetrieben aus Holz gebaut. Aber nicht aus irgendeinem Holz, sondern aus dem, das nach einem gewaltigen Sturm 2018 im Tal geborgen wurde.

Hier macht nicht nur nachhaltiges Bauen Schule, sondern auch das sichere Gefühl für hervorragende Architektur und für die vorhandenen Materialien. Hier wurde Glamping bewusst umgesetzt. Hier wurde die Natur mit viel Fingerspitzengefühl eingesetzt. Aber wo stehen diese wunderschönen Bungalows? Der Weiler Le Prese liegt auf halbem Weg zwischen der alpinen Gletscherwelt des Berninagebiets und den Weinterrassen des Veltlins, in einer Ebene nördlich des Lago di Poschiavo.

Die Valposchiavo, jenes italienischsprachige Bündner Südtal, wird am eindrücklichsten mit der Rhätischen Bahn erkundet. Die Strecke über den Albula- und Berninapass wurde 2008 ins UNESCO-Welterbe aufgenommen und bietet spektakuläre Ausblicke auf die authentische Natur sowie Einblicke in die Kulturlandschaft der Valposchiavo. Unterwegs lädt so mancher Ort zum Aussteigen ein. So auch Le Prese. Die Siedlung befindet sich eingebettet zwischen steilen Bergflanken direkt am Lago di Poschiavo. Der durch einen prähistorischen Felssturz aufgestaute See zieht Naturliebhaber, Genießer und Sportler gleichermaßen an. Sei es für ein erfrischendes Bad im Sommer, zum Fischen, Surfen oder zu Spaziergängen. Dass eine Auszeit in den eleganten Holzbungalows für viel Inspiration sorgt, versteht sich von selbst.

Adresse Bungalows Sara Lago, Via Principale 31, CH-7746 Le Prese, www.sara-lago.ch | Anfahrt über den Julierpass nach St. Moritz, dann Richtung Pontresina / Berninapass / Poschiavo und den Schildern Richtung Brusio nach Le Prese folgen | Öffnungszeiten April – Okt.

96__Die Bison Ranch

Western im Jura

Howdy! Der Wildwest-Charme im Berner Jura ist einmalig und keine Eintagsfliege. Zu groß ist das Angebot an Aktivitäten, zu reizvoll sind die besonderen Übernachtungsmöglichkeiten. Die Bison Ranch in Les Prés-d'Orvin ist seit vielen Jahren ein beliebtes Ziel für Abenteurer, Actionhelden, Familien und Unternehmen. Der angrenzende Seilpark Forest Gump macht die Bison Ranch zu einem beliebten Ausflugsziel mit dem gewissen Etwas. Damit sind die Tipis und Holzhütten gemeint. Das Glamouröse beim Glamping ist in Les Prés-d'Orvin vielleicht nicht auf den ersten Blick erkennbar. Aber wer stundenlang den Hochseilakt im Seilpark geübt hat, freut sich gegen Abend aufs Tipi, aufs Lagerfeuer und auf die Countrymusik im Haupthaus der Ranch. Dann wird die Bison Ranch zum glanzvollen Ort.

Jedes Tipi oder jede Westernhütte ist mit bequemen Liegen und einer zentralen Feuerstelle ausgestattet – an Wärme und Gemütlichkeit fehlt es daher nie. Und auch ein feines Frühstück mit selbst gebackenem Brot steht jeden Morgen bereit. Denn nur gestärkte Seiltänzer bewegen sich sicher im Seilpark Forest Gump und schwingen sich schwerelos durch die Lüfte. Abgerundet wird das Angebot durch einen Bogenschießstand im Wald und eine Slackline, die zur perfekten Balance einlädt.

Direkt von der Bison Ranch aus kann der Berner Jura erkundet werden. Ohne Auto, einfach losgehen. Es ist nicht steil, dafür führen die Wanderwege über Weiden, Stock und Stein, vorbei an wunderbaren Bergwirtschaften, die hier auch »Métairies« genannt werden.

Der Gasthof der Bison Ranch ist bekannt für die authentische schweizerische Küche. Fondue, gegrilltes Bisonfleisch, Rösti oder Terrine stehen auf der Karte. Dazu ein guter Weißwein vom Bielersee, und die Welt ist in Ordnung. In einigen Métairies wird auch Hausbrand angeboten, der in der Flasche auf den Tisch kommt. Schließlich liegt Les Prés-d'Orvin auf über 1.000 Metern.

Adresse Bison Ranch Prés-d'Orvin, Les Colisses, CH-2534 Prés-d'Orvin, www.bisonranch.ch | Anfahrt auf der A5 bis zur Ausfahrt Biel, weiter auf der A16/E27 Richtung Boncourt/Porrentruy/Delémont/Frinvillier, in Frinvillier weiter Richtung Orvin, dann den Schildern nach Les Prés-d'Orvin folgen | Öffnungszeiten ganzjährig

97__Das Glückszelt

Mediterran mit Seeanstoß

La vita è bella: Klima, Architektur, Sprache und Vegetation sind hier durch und durch mediterran. Im Tessin, im Süden der Schweiz, liegt dieses ganz spezielle Lebensgefühl in der Luft: die *italianità*. Dennoch, der Vier-Sterne-Campingplatz Lugano-Muzzano befindet sich in der Schweiz am Ufer des Luganer Sees und verfügt über einen direkten Seezugang und einen eigenen Badestrand. Wer sich bei so viel Luxus noch ins gemachte Bettchen legen kann, ist ein Glückspilz. Das herrlich anmutende weiße Nomadenzelt mit Doppelbett und Sitzgelegenheit rundet Glamping im Tessin stilvoll ab.

Wie wäre es mit etwas Dolcefarniente in urbaner Umgebung? In wenigen Minuten ist das Stadtzentrum von Lugano erreicht, wo Freunde bedeutender Architektur und Kunst ebenso auf ihre Kosten kommen wie all jene, die gern stilvoll shoppen oder sich einfach nur treiben lassen wollen.

Wer schon mal am Luganer See ist und im Zelt schläft, Entdecker und Abenteurer zugleich ist, sollte sich unbedingt auch die malerischen Dörfer in der Umgebung ansehen. Zu den schweizweit schönsten Destinationen gehört Morcote. Tatsächlich ist das Dorf am Luganer See in das Bundesinventar der schützenswerten Ortsbilder eingetragen. Das ehemalige Fischerdorf von unvergleichbarer Schönheit besticht mit den reich geschmückten Fassaden der Patrizierhäuser. Sehenswert und bekannt ist auch die Kirche Santa Maria del Sasso. Diese Wallfahrtskirche zählt zu den religiösen und spirituellen Pilgerorten im Tessin. Auch der spektakuläre Standort auf einem Felsvorsprung verleiht der Kirche im Stil der Renaissance und des Barock etwas Mystisches.

Vom Luganer See führt eine monumentale Treppe mit 404 Stufen zur Kirche. Vielleicht etwas anstrengend, aber auf jeden Fall lohnenswert. Mit den Kreuzwegstationen bietet die Treppe wunderschöne Aus- und Weitblicke. Morcoto ist vom Campingplatz in Lugano-Muzzano aus in rund 20 Minuten erreichbar.

Adresse Camping Lugano-Muzzano, Via alla Foce 14, CH-6933 Muzzano, www.tcs.ch | Anfahrt auf der A2 bis zur Ausfahrt Lugano-Nord, weiter Richtung Ponte Tresa/Aeroporto und den Schildern nach Muzzano folgen | Öffnungszeiten ganzjährig

98_Das Safarizelt

Friedlich im UNESCO-Welterbe

Was für ein unschlagbares Setting: Der Campingplatz Monte San Giorgio liegt inmitten der UNESCO-Welterbestätte Monte San Giorgio. Ein ganz besonders magischer Ort. Sei es der Bach, der kleine See oder das Rauschen des Waldes – all diese Naturschönheiten machen diesen Platz zu einem friedlichen, ja märchenhaften Ort voller Charme und Stil. Hier findet das Gedankenkarussell weit weg von der Alltagshektik endlich Ruhe. Genau der passende Campingplatz, um anzukommen und das schöne Safarizelt mit Doppelbett zu beziehen. Ganz eng mit der Natur leben, ganz glamourös übernachten.

Aber wo liegt dieser Campingplatz genau? Der Monte San Giorgio ist ein Berg zwischen der Schweiz und Italien, im südlichen Teil des Kantons Tessin gelegen. Und dank des großen und bedeutenden Meeresfossilienvorkommens wurde das Gebiet als Weltkulturerbe gelistet. Kurz zusammengefasst: Neben der prächtigen Aussicht auf die Seenlandschaft öffnet der 1.097 Meter hohe Berg auch das Fenster zur Urzeit.

Natürlich gewann der Berg mit der Aufnahme in die UNESCO-Welterbeliste 2003 zusätzlich an Bedeutung. Und nicht zu Unrecht. Denn nebst dem Fossilienmuseum, das vom Tessiner Stararchitekten Mario Botta umgebaut wurde, können zahlreiche Rebberge bestaunt werden. Oder Interessierte schlendern einfach durch das entzückende Dörfchen Meride und lassen sich von der 2,5 Meter langen Rekonstruktion des Landsauriers Ticinosuchus begrüßen.

Es sich gut gehen lassen in einem Grotto im Bezirk Mendrisiotto, das gehört zum Pflichtprogramm. Aber ganz nach Lust und Laune. Auf dem und rund um den Monte San Giorgio wird bestimmt niemand an Langeweile leiden. Außer sie wird gesucht und entsprechend gewürdigt.

Der Monte San Giorgio ist ein magischer Berg mit großer Ausstrahlung und noch größerer Vergangenheit – eine lebende Legende. Ein Ort, an dem der Besucher Teil der Weltgeschichte wird.

Adresse Monte San Giorgio, Via ala Caraa 2, CH-6866 Meride, www.castellacamping.ch | Anfahrt auf der A2 bis zur Ausfahrt Mendrisio, Richtung Mendrisio und weiter Richtung Besazio/Arzo | Öffnungszeiten Frühling–Herbst

99__Die Loggia

Idyllisch an Römerstraßen

Die geräumige Loggia ist wirklich schön und komfortabel. Zwei getrennte Schlafzimmer bieten Platz für den Rückzug, und der große, helle Wohnraum sorgt für ein genussvolles Beisammensein. Genügend Platz zu haben gehört hier genauso zum Glamping-Angebot wie die Ruhe. Und weil dieser Campingplatz in Orbe der Natur ganz nah ist, lädt die Holzterrasse der Loggia zu herrlich idyllischen Sommerabenden ein. Auch dann übrigens, wenn das Wetter mal nicht mitspielen will, denn die Terrasse ist überdacht.

Idyllisch am Rand des historischen Westschweizer Städtchens Orbe gelegen – an einer Kreuzung antiker Römerstraßen – befindet sich der Campingplatz mit den schönen Loggien. Erkenntnisreiche Spaziergänge auf antiken Straßen und eindrückliche Besuche von historischen Stätten lassen nicht nur die Herzen eingefleischter Kultur- und Historienfreunde höherschlagen.

Eine ganz andere Herangehensweise ist der Fußweg nach Orbe: Mit 17 Kilometern ist der Wanderweg zwar kein Spaziergang, aber so abwechslungsreich, dass die Zeit wie im Flug vergeht. Von Vallorbe durch die Schlucht bis nach Orbe, am Wasser entlang oder hoch oben in den steil abfallenden Felsen – der Weg begeistert. Wenn das Viadukt von Vallorbe oder der imposante Wasserfall »Saut du Day« und die Staudämme des Wasserkraftwerks auftauchen, dann ist die Leidenschaft fürs Wandern erst recht entfacht. Nach rund 4,5 Stunden endet die Route im Städtchen Orbe. In der Retrospektive wird vor allem der »Saut du Day«, dieser eindrückliche Wasserfall, in Erinnerung bleiben: Schäumend stürzt die Orbe, der gleichnamige Fluss, in mehreren Stufen geräuschvoll in ein Becken, das zu einem wohlverdienten Sprung ins Wasser einlädt. Was für ein Paradies!

Diese unberührte Landschaft ist ein Naturschutzgebiet und sichert so der Fauna und Flora beste Bedingungen. Es lohnt sich, die Augen offen zu halten.

Adresse Camping Orbe, Route du Signal 9, CH-1350 Orbe, www.tcs.ch | Anfahrt auf der A 1 bis zur Ausfahrt Orbe und weiter Richtung Orbe/Chavornay | Öffnungszeiten Frühling – Herbst

100 Das Holzhäuschen

Wilde Steinböcke in der Nachbarschaft

Willkommen im Eldorado für Steinwild und Wanderer! 1.800 Steinböcke sind die beste Referenz. In den Bergen rund um Pontresina ist das Bündner Wappentier am liebsten zu Hause. Denn am Piz Albris lebt auf über 3.000 Meter Höhe eine der größten Steinbockkolonien der Alpen.

Wenn die Wiesen unten im Dorf langsam grün werden und der Schnee schmilzt, dann geht in Pontresina ein unglaubliches und äußerst exklusives Schauspiel über die Bühne: Der »König der Alpen« kommt bis an den Dorfrand herunter und genießt das frische Gras. Dort liegt der Camping Morteratsch Pontresina. Die kleinen Holzhäuschen sind Spezialanfertigungen, die dank der guten Isolation und der Heizung den besonderen klimatischen Verhältnissen des Oberengadins standhalten. Hübsch eingerichtet, idyllisch in alpiner Naturlandschaft gelegen, von Bächen, Seen und Wäldern umgeben und mit einer atemberaubenden Aussicht auf die berühmten Gipfel des Bernina-Massivs gesegnet. Die moderne Infrastruktur des Campingplatzes weist nicht nur einen hohen Komfortstandard auf, sondern bezeugt auch ein hohes Maß an Nachhaltigkeit. Der Einklang mit der Natur wird im Engadin großgeschrieben.

Und in dieser Bergwelt lebt diese große Population an Steinböcken – höchstwahrscheinlich ist sie auch die Heimat der bekannten Filmstar-Steinböcke Gian und Giachen. Längst sind die beiden Bündner Kunstfiguren vielerorts bekannt, ihre Fanbase wird immer prominenter, und die kultigen Sprüche werden oft zitiert. Was einst mit einer Werbekampagne für den beliebten Urlaubskanton Graubünden begann, hat sich etabliert, auch weit über die Landesgrenzen hinaus. Ein Blick von den hübschen Holzhäuschen des Campingplatzes reicht aus, um sich vorzustellen, wie die beiden vorlauten Steinböcke dort oben stehen und miteinander sprechen. Wie sie über die Biker mit den teuren Rädern lästern und dann lauthals rufen: »Carbon statt Kondition!«

Adresse Holzhaus Camping Morteratsch, Plauns 13, CH-7504 Pontresina, www.camping-morteratsch.ch | Anfahrt von Zürich auf der A 3 Richtung Chur, auf der A 13 bis zur Ausfahrt Thusis-Süd, dort Richtung Julierpass / Savognin, dann Richtung St. Moritz und weiter nach Pontresina / Bernina | Öffnungszeiten ganzjährig

101 Die Berg-Bubble

Zwischen Himmel und Erde

Wie klingt das? Inmitten eines Lärchen- und Arvenwaldes gut einschlafen und herrlich durchschlafen. Dann ausgeruht aufwachen und einen atemberaubenden Blick auf Saas-Fee genießen, ehrfürchtig auf die 3.000 und 4.000 Meter hohen Bergikonen schauen und demütig sein. Toll, oder? Und wenn am Morgen noch ein Reh vorbeihuscht, dann wird es beinahe kitschig. Die Tage und Nächte auf dem Sonnenberg von Saas-Fee sind an hochalpinem Bergfeeling kaum zu überbieten. Und die Bubble-Suite, die mit ihrer transparenten Hülle die Bergwelt direkt ins luxuriös eingerichtete Innere lässt, macht aus dem Aufenthalt ein Wohn- und Bergerlebnis in schwindelerregender Höhe auf 2.000 Metern. Zu hoch? Nein, nicht in den Walliser Bergen. Dort, wo das Matterhorn und die Dufourspitze zu Hause sind, liegen Ferienorte wie Saas-Fee schon mal auf 1.800 Metern.

Da in den Bubble-Suiten keine sanitären Anlagen vorhanden sind, gehören sie in den meisten Fällen zu einem Gasthaus. In Saas-Fee wird das Glamping-Zelt in Zusammenarbeit mit dem Restaurant Alpenblick betrieben. Nur wenige Schritte von der Bubble-Suite entfernt befindet sich diese typische Schweizer Berghütte und macht das Erlebnis perfekt.

Auf der Sonnenterrasse mit dem unbeschreiblichen Weitblick schmecken das Frühstück oder andere kulinarischen Spezialitäten ausgezeichnet. Empfehlenswert sind die Walliser Eringer Bratwurst mit Rösti und Aprikosenchutney oder die »Chäs-Spätzli«. Eben richtig schweizerisch, richtig urig, richtig idyllisch. Und auch die rustikale Atmosphäre in der Berghütte erfüllt alle romantischen Hüttenklischees.

So machen die Schweizer Berge richtig Spaß. Denn die Outdoor-Aktivitäten liegen direkt vor der Bubble-Tür. Ob gemütliches Wandern, hochalpine Touren oder eine Fahrt mit dem E-Bike – umgeben von 18 stolzen Viertausendern und bei 350 Kilometern Wanderwegen gerät hier jedes Blut in Wallung.

Adresse Bubble-Suite Alpenblick, Hohneggweg 100, CH-3906 Saas-Fee, www.adventurly.ch | Anfahrt auf der A 9 bis zum Autobahnende Leuk, weiter Richtung Visp, dort der Beschilderung nach Zermatt / Saas-Fee folgen, von Saas-Fee aus einstündige Wanderung zum Ziel | Öffnungszeiten Mitte Juni – Mitte Okt.

102 Das Treppenhaus

Aussichtsreich im Wald

Der Jura wartet mit vielen Naturschönheiten auf – die Freiberge sind besonders faszinierend. Auf 1.000 Metern liegt sie, die Hochebene mit ihren weitläufigen Weiden, den herausragenden Fichten- und Tannenwäldern, den pittoresken, weiß getünchten Bauernhöfen und natürlich den legendären Pferden. Die jurassischen Freiberge sind zwar klimatisch rau, doch landschaftlich einmalig schön. Dass inmitten dieses Naturspektakels der Wunsch nach einer außergewöhnlichen Übernachtung aufkommt, versteht sich von selbst. Ein Glück, dass sich auf dem Campingplatz von Saignelégier ein passendes Baumhaus findet: auf Augenhöhe mit Vögeln, mit Blätterrascheln vor dem Fenster und einer Terrasse mit Aussicht. Hoch über dem Boden beruhigen sich die Gedanken, relativiert sich der Alltag. Wer die Holzstufen unter sich gelassen, tief durchgeatmet und sich in der kleinen Küche des Holzhauses ein Getränk zubereitet hat, ist angekommen.

Baumhäuser – was ist dran an der Faszination aus Kindheitstagen? Ist es die luxuriöse Einfachheit, oben im Wipfel zu thronen? Ist es die Vogelperspektive? Schwierig zu verallgemeinern. Sicher ist, dass Baumhäuser derzeit boomen. Dasjenige in Saignelégier ist einfach, schön und idyllisch. Und wer sich schon mitten in der Heimat der Freiberger Pferde befindet, kann dieses Reiter-Eldorado mit mehr als 200 Kilometern signalisierten Reitwegen voll ausschöpfen und sich in den Sattel schwingen. Oder auch mit dem Planwagen, der Kutsche oder dem Pferdewagen eindrückliche Fahrten unternehmen.

Und weil die Geschichte der Freiberger, einer fast zwei Jahrhunderte alten Rasse, die als der letzte Vertreter des leichten Zugpferdes in Westeuropa gilt, tierisch spannend ist, liegt der Besuch der Stiftung für das Pferd in Le Roselet auf der Hand. Das Altersheim für Pferde, Ponys und Esel lässt kleine und große Herzen höherschlagen. Übrigens: Andere Schweizer Pferde sind verschwunden.

Adresse Baumhaus Camping Saignelégier, Sous la Neuvevie 5a, CH-2350 Saignelégier, www.campingsaignelegier.ch | Anfahrt Route 18 Richtung Delémont / Saignelégier, dann Richtung Basel / Bâle / Delémont | Öffnungszeiten Frühling – Herbst

103__Der Velocamper

Kuscheln mit dem E-Bike

Er heißt Velocamper, ist ein Lastenfahrrad und eröffnet nachhaltige Reisedimensionen. Das Wohnmobil auf zwei Rädern gilt als originelle Innovation, ist gut fahrbar und kompakt eingerichtet. So wurde auf dem Cargo-Bike ein Blachenzelt montiert, das mit einer Matratze zum Schlafen einlädt. Für wen diese super-individuelle Schlafgelegenheit passt? Für alle. Aber vor allem ist der Velocamper perfekt für Nächte zu zweit. Und um die ruhigen Stunden abends nach der schwungvollen Fahrt am eigenen Campingplatz so richtig genießen zu können, gehören Stühle und ein Campingtisch ebenso zur Ausstattung wie ein zweites E-Bike. Zum Frühstück werden die Radfahrer mit lokalen Produkten verwöhnt.

Etwas verwirrend? Hier für alle im Schritttempo: Auf dieser Fahrradtour reist das Bett stets mit. Denn im eigens dafür konstruierten Cargo-E-Bike mit integriertem Zeltaufbau steht einer abenteuerlichen Reise durch die Ostschweiz nichts im Weg. Gar nichts. Denn die unvergessliche Tour zieht vorbei an schier endlosen Rebhängen, malerischen Landschaften und schmucken Dörfern. Natürlich wird nichts dem Zufall überlassen.

Am ersten Tag wird um 14 Uhr beim Camping Wagenhausen gestartet. Dann trennen sich die Wege je nach gewählter Route. Doch eines ist immer unwiderruflich: der Übernachtungsort. Bevor das nächtliche Domizil angesteuert wird, laden unterwegs Restaurants zur Rast ein. Dann wird entweder in einem Park eines Hostels oder einem Bauernhof haltgemacht und die Zelte werden aufgeschlagen. Am nächsten Tag ist Zeit für Sightseeing und andere kulturelle Highlights eingeplant, sei es der Besuch des Rheinfalls oder von Schloss Herdern. Der Ausgangsort wird auch die Endstation sein. Kurz: eine Velo-Safari, die es in sich hat. Ein außergewöhnliches Erlebnis für Individualisten und Romantiker. Beide Stellplätze liegen an idyllischen Orten, die natürlich mit sanitären Anlagen ausgestattet sind.

Adresse Velocamper Ostschweiz, Vordergasse 73, CH-8200 Schaffhausen, www.schaffhauserland.ch; Übergabe der Velocamper durch Schaffhauserland Tourismus, Vordergasse 73, CH-8200 Schaffhausen oder Thurgau Tourismus, Friedrichshafnerstraße 55a, CH-8590 Romanshorn | **Anfahrt** von Zürich auf der A 1 bis zur Verzweigung Winterthur-Nord, dort der A 4 bis Schaffhausen folgen; aus Richtung Stuttgart / Singen auf der A 81 bis zur Ausfahrt Schaffhausen-Nord, im Parkhaus vor der Altstadt parken | **Öffnungszeiten** Mai – Sept.

104 Der Geopod

Ein Geheimtipp für Genießer

Eine nicht alltägliche Erfahrung verspricht die Übernachtung im romantischen Geopod. Die beiden gemütlichen Unterkünfte sind aus Holz sowie wasserdichtem Canvas gefertigt und für zwei Personen ideal. Dass Glamping-Objekte nicht nur innen sehr geschmackvoll eingerichtet sind, sondern auch eine Terrasse – mal groß, mal klein – haben, macht sie zu etwas Besonderem. Auf dem TCS-Camping in Scuol stehen zwei dieser schönen »Zelte« auf einem Holzpodest mit einer halb geschlossenen Terrasse und einer einmaligen Sicht auf die Unterengadiner Bergwelt. Unbeschreiblich schön.

Die Ferienregion Engadin Scuol im Unterengadin gilt noch immer als Geheimtipp, liegt etwas abseits der touristischen Trampelpfade und ist auf 1.250 bis 2.800 Meter Höhe ein Ferienparadies für Individualisten. Die traditionsreiche Architektur und Kultur ziehen viele Besucher an. Die Gegend ist auch bestens bekannt bei Bike-Begeisterten, denn die abwechslungsreichen Trails sind mal spielerisch einfach, mal technisch anspruchsvoll. Eine Region, die alle auf Touren bringt.

Dass sich die Gäste nach so viel Bewegung in der Bergwelt nachmittags oder abends gern vor den Geopod setzen und wunderbare regionale Spezialitäten wie Salsiz essen wollen, ist klar. Vor allem weil in Scuol einer der bekanntesten Metzger der Schweiz sein Handwerk ausübt und seine Ware verkauft. Allerdings ist »verkaufen« der falsche Begriff: In der Bacharia Hatecke wird das Fleischhandwerk bis zur Vollkommenheit zelebriert.

Der Laden gleicht einer gestylten Boutique mit Produkten, die erlesen und schweizweit prominent sind. Ob Engadiner Trockenfleisch, Rohessspeck, Rohschinken oder Salsiz, die Erzeugnisse sind ein Genuss fürs Auge und die Geschmacksnerven. Die Edelmetzgerei Hatecke hat übrigens nicht ausschließlich im Engadin verschiedene Verkaufsstellen eröffnet, sondern auch in Zürich in bester Lage. Also nichts wie hin!

Adresse Camping Scuol, Gurlaina, CH-7550 Sucol, www.tcs.ch | Anfahrt von Davos zum Vereina-Tunnel (gebührenpflichtig), dann den Schildern Richtung Martina / Scuol folgen | Öffnungszeiten Frühling – Herbst

105 Die Nostalgiewagen

Gemütlichkeit für Seiltänzer

Wie in alten Spielfilmen oder TV-Serien: Damals reisten Zirkusartisten im Nostalgiewagen von Ort zu Ort und lebten in ihren bescheidenen, aber eigenen vier Wänden. Das tun die beliebten Artisten noch heute. Nur sind die Zirkuswagen größer und luxuriöser. Doch zurück auf den Campingplatz. Angelehnt an die Zirkuswagen von anno dazumal stehen hier in Solothurn einige sehr schöne Nostalgiewagen direkt an der Aare und entführen die Gäste stilecht und überzeugend in die Vergangenheit. Die liebevoll eingerichteten Wagen bieten eine gemütliche Doppelbett-Koje, ein Kajütenbett oder ein ausziehbares Sofabett. Mit einer Küchenzeile und einem WC samt Waschbecken sind die Nostalgiewagen eine reizende, sehr beliebte und naturverbundene Alternative zur Ferienwohnung.

Historisch, naturnah und wunderschön präsentieren sich die Radtouren, die unmittelbar vom Camping Solothurn gestartet werden können: Ob Rennrad, E-Bike oder Citycruiser, die Routen rund um die schönste Barockstadt der Schweiz versprechen viel Fahrtwind und bringen alle auf Touren. Verschiedene Runden, die unterschiedlich lang und schwierig sind, werden in der Broschüre »Solothurn auf zwei Rädern« authentisch beschrieben. Wer hier in die Pedale tritt, erlebt echte Meditation in harmonischer Bewegung.

Ein Besuch in der historischen Altstadt von Solothurn darf natürlich nicht fehlen. Denn die reichhaltige Geschichte der Stadt und die vielen Geschichten, die sich um Solothurn ranken, lassen niemanden kalt.

Geführt? Auf alle Fälle. Denn so sind alle gut informiert. Denn wer möchte nicht hinter die Kulissen sehen, abseits der touristischen Trampelpfade wandeln und dabei Geheimnisse erfahren? Bei den kreativen, amüsanten und professionellen Stadtführungen werden Wissenslücken geschlossen und Fragen aufgeworfen. Oder wer weiß, was Casanova in Solothurn wirklich trieb?

Adresse TCS Camping Solothurn, Glutzenhofstraße 5, CH-4500 Solothurn, www.tcs.ch | Anfahrt auf der A1 bis zur Verzweigung Luterbach, dann auf die A5 Richtung Biel/Bienne/Solothurn, bei der Ausfahrt Solothurn-West abfahren und nach der Brücke links abbiegen | Öffnungszeiten ganzjährig

106 Das Sternhimmelzelt

Sternenklar mit transparentem Dach

Träume werden wahr, und Wunschdestinationen rücken näher. Der weltbekannte Ort St. Moritz auch. Warum? Weil das transparente Dach des »Sternhimmelzeltes« auf dem Camping St. Moritz einen 360-Grad-Blick in den Himmel bietet. Ob im legendären Luxushotel oder auf dem Campingplatz, so ein Naturerlebnis ist ein demokratisches Spektakel. Und ein Urlaub in diesem extravaganten Zelt verspricht viel: Privatsphäre, ein bequemes Bett im Engadiner Boho-Style und vor allem den Blick auf die Berge und Seen. Eingebettet zwischen Arvenbäumen und drei Naturseen thront der Camping St. Moritz ruhig auf 1.800 Meter Höhe. Dieses naturbelassene Fleckchen Erde wurde längst zu einem beliebten Rückzugsort.

Kein Wunder, denn St. Moritz bedeutet hipper Lifestyle in den Bergen, gepaart mit Natur pur. Der Ort war schon immer ein bisschen verrückt, vielleicht sogar exzentrisch. Nicht etwa besser oder schlechter als andere, aber sicher anders. Zurück zur Natur: Geführte Wanderungen sind derzeit sehr angesagt und bringen den Gästen die atemberaubende Rundumsicht von einem Alpengipfel, die große Stille am türkisfarbenen Bergsee oder die faszinierende Engadiner Natur und Kultur noch näher. Von einheimischen, ortskundigen Wanderleitern wird so manches Geheimnis der hiesigen Bergwelt gelüftet und in Gesellschaft von Gleichgesinnten vielschichtig diskutiert.

Individuell und ohne hohes Fitnesslevel machbar: Der Schellenursliweg ist für Jung und Alt ein märchenhaftes Vergnügen. Auf den Spuren des kleinen, prominenten Kinderbuchhelden führt der Themenweg von Salastrains über die Heidi-Hütte nach St. Moritz-Dorf. Entlang des Weges erzählen Bilder und Holzskulpturen noch einmal die berühmte Geschichte des Schellenursli, begleitet von einem Ausblick auf die bezaubernde Landschaft. Sogar die Kleinsten können dabei sein, denn der Weg ist kinderwagentauglich.

Adresse Sternhimmelzelt Camping St. Moritz, Via San Gian 55, CH-7500 St. Moritz, www.camping-stmoritz.ch | Anfahrt von Zürich auf der A 3 Richtung Chur, dann auf der A 13 bis zur Ausfahrt Thusis-Süd, dort Richtung Julierpass und über Savognin nach St. Moritz | Öffnungszeiten Juni – Okt.

107 Die Sternwarte

Weißt du, wie viel Sternlein stehen?

In die Sterne zu gucken und danach zu greifen, gehört beim Glamping zum Pflichtprogramm. Aber was die historische Sternwarte aus dem Jahr 1924 auf der Chesa Margna in St. Moritz zu bieten hat, ist einmalig. Im Frühling 2020 wurde sie umgestaltet – heute lädt sie zu unvergesslichen Übernachtungen ein. Um es gleich vorwegzunehmen: Wer Platzangst hat, sollte dieses Kleinod in den Engadiner Bergen nicht buchen. Doch alle anderen dürfen sich diese Nacht auf keinen Fall entgehen lassen. Es steht ein kuscheliges Doppelbett mit warmen Bettdecken bereit – sogar im Winter ist die umgebaute Sternwarte für eine Nacht zu haben.

Auf 2.000 Metern erwartet die Gäste in der authentischen Sternwarte eine geschlossene Kuppel mit einem kleinen Fenster, das bei guter Witterung natürlich geöffnet werden kann. Quasi das Fenster zum Himmel. Einsam sind die Gäste auf dieser Höhe aber nicht. Die Sternwarte by Randolins ist Teil des Berghotels Randolins, das einem Resort gleicht und über St. Moritz am weltberühmten Suvretta-Hügel liegt, dem Luxus-Hang mit Sonne pur. Natürlich können die Gäste der Sternwarte alle Annehmlichkeiten des Hotels wie das Frühstücksbüfett, den Wellnessbereich, die Außenparkplätze und den kostenlosen Shuttleservice nutzen. Doch in dieser historischen und einzigartigen Sternwarte steht vor allem die besondere Übernachtung im Vordergrund.

Ein Spektakel, das ausschließlich Erwachsenen vorbehalten ist. Aus Sicherheitsgründen sind weder Kinder noch Haustiere erlaubt. Auch wenn es vielleicht schwierig ist, sich eine Übernachtung in der historischen Sternwarte vorzustellen – eines ist sicher: Dieses Abenteuer lohnt sich auf jeden Fall und birgt zu jeder Jahreszeit naturnahe Überraschungen.

Warum? Weil der Blick auf die Engadiner Bergwelt, den Champfèrer- und den Silvaplanersee sowie in den Sternenhimmel nirgends atemberaubender ist.

Adresse Sternwarte by Randolins, Via Curtins 2, CH-7500 St. Moritz, www.randolins.ch | Anfahrt von Zürich auf der A 3 Richtung Chur, dann auf der A 13 bis zur Ausfahrt Thusis-Süd, dort Richtung Julierpass und über Savognin nach St. Moritz | Öffnungszeiten Juni – April

108 Der Cube

Grenzenlose Architektur

Die Sterne vom Himmel holen? Kein Problem! Mit dem »Tamaro Night Sky«, einem ganz besonderen Wohnmodul, das eigens für die Beobachtung des nächtlichen Himmels designt wurde, rückt der Sternenhimmel ein Stück näher. Genauer: der Himmel nahe Locarno über dem Lago Maggiore, umringt von wunderschönen hohen Bergen. Diese besondere Wohneinheit steht direkt am Seeufer auf dem legendären Fünf-Sterne-Campingplatz Tamaro Resort, einer familiengeführten Anlage. Das »Tamaro Night Sky« ist nicht nur ein architektonisches Ausnahmetalent, sondern lebt auch auf großem Fuß: Der Cube steht auf einer Parzelle, die doppelt so groß ist wie die anderen, um größtmögliche Privatsphäre zu ermöglichen.

Längst ist die Sonne untergegangen, der Himmel über dem See leuchtet prächtig, und die Lust, nach den Sternen zu greifen, wird im Cube immer größer. Das mit einer PVC-Doppelmembran verkleidete Modul ist klimatisiert und hat an allen Fenstern Verdunkelungsvorhänge. Die überdachte Terrasse auf der Vorderseite des Cubes ist mit stilvollen Gartenmöbeln eingerichtet und für ein romantisches Tête-à-Tête wie geschaffen.

Und wer nach so viel Romantik noch etwas flanieren und weitere Naturschönheiten in der Gegend entdecken möchte, spaziert auf dem Panoramaweg von Tenero am Ufer des Lago Maggiore entlang über Locarno nach Ascona (rund 3 Stunden und 45 Minuten). Zwischen blühenden Beeten und schönster mediterraner Vegetation liegen einzigartige Perlen wie die »Cà di Ferro«, Kunstwerke in den Jean-Arp-Gärten sowie der prächtige Kamelienpark in Locarno. Hier können 1.000 Variationen dieser Pflanze, die während neun Monaten eine überwältigende Blütenpracht bieten, bewundert werden.

Gestartet wird direkt beim Campingplatz. Und gleich nach der Ankunft in Ascona steht ein regionaltypisches Risotto mit einem ausgezeichneten Tessiner Merlot auf dem Programm.

Adresse Tamaro Night Sky, Via Mappo 32, CH-6598 Tenero, www.campingtamaro.ch | Anfahrt auf der A 2 bis Ausfahrt Bellinzona-Sud, weiter Richtung Locarno, auf der A 13 bis Ausfahrt Valle Verzasca, den Schildern Richtung Tenero folgen | Öffnungszeiten März – Nov.

109 Das Designer-Zelt

Natürlicher Luxus mit Seeblick

Mitten im Wald, mitten in der Natur und mitten im Luxus: Mit dem touristischen Angebot »Casa Poesie« wird die Fusion von Camping und Glamour am Ufer des Vierwaldstättersees in Perfektion zelebriert. Glamping im Herzen der Schweiz im eindrücklichen Hotelpark eines Luxushotels? Ja, genau das ist im Vitznauerhof möglich. Mit Designer-Zelten, viel Stil und jedem erdenklichen Schnickschnack.

Das Glamping-Dörfchen Casa Poesia wurde vom Fünf-Sterne-Hotel in Kooperation mit der Designerin und Travel-Influencerin Lucia Viana konzipiert. Dass Seeblick, stylische Möbel, Strom, Wi-Fi, fließendes Wasser und ein Außenbad inkludiert sind, erstaunt nicht – es sind ja auch eher luxuriöse Hotelresidenzen als nur schöne Zelte. Im Luxusresort soll eben niemand auf etwas verzichten müssen, auch nicht diejenigen, die vor der Hoteltür im Park übernachten und dabei der Natur noch ein Stück näher sind.

Das Hotel Viznauerhof ist bekannt für seine Spitzengastronomie. Doch wer nicht in einem der Restaurants wie dem »Sens« dinieren und das neue Konzept erleben möchte, kann sich abends ein Gourmetmenü ins Zelt bringen lassen. Die Terrasse vor dem Zelt bietet mitten im Park ein herrliches Plätzchen zum Genießen.

Dass Seen große Abenteuer ermöglichen, ist kein Geheimnis. Doch der Vierwaldstättersee hat noch etwas mehr im Angebot. Wie wäre es mit einer Dampferfahrt an einem strahlend sonnigen Sommertag über den verzweigten See? Oder einer Fahrt mit dem Spätkurs durch die laue Sommernacht? Eine Schifffahrt lässt sich auch ideal mit einer Wanderung verbinden. Denn wie heißt es so schön: Neue Wege entstehen, wenn wir sie gehen. Also ab auf den »Weg der Schweiz«, einen Themenweg zur Geschichte des Landes! Staunen und lernen, baden oder rasten, die Rad- und Skatingwege nutzen sowie zahlreiche Bade- und Rastplätze erkunden – am Vierwaldstättersee wird es nie langweilig.

Adresse Casa Poesia, Seestraße 80, CH-6354 Vitznau, www.vitznauerhof.ch | Anfahrt auf der A 3 und der A 4 bis Ausfahrt Küssnacht, weiter Richtung Weggis und Vitznau | Öffnungszeiten Juni – Aug.

110 Der Zirkuswagen

Manege frei für Genießer

Die drei wunderschönen Zirkuswagen stehen im Herzen des Campingplatzes Wagenhausen und sind um eine Feuerstelle mit Sitzgelegenheiten gruppiert – ein idealer Ort, um einen unvergesslichen Grillabend mit regionalen Produkten zu erleben. Die handgefertigten und gemütlichen Zirkuswagen aus Kiefernholz bieten Platz für vier Personen. Eingerichtet sind sie mit allem Drum und Dran: mit schönen Betten, Küche und Bad. Direkt am Rhein und nahe dem Bodensee liegt der Campingplatz im Kanton Thurgau mitten in einem ausgezeichneten Schweizer Weingebiet.

Lust, neue Weine zu entdecken? Der Thurgau ist eine kleine, aber qualitativ hochstehende Weinregion und gilt noch immer als Geheimtipp. Es ist diese neue, passionierte und gut ausgebildete Generation von Winzern, die dem Thurgauer Wein zum großen Auftritt verholfen hat. Dies zeigt sich besonders gut beim Pinot noir, von dem die Winzer heute drei Varianten anbieten. Die Weiterentwicklung des klassischen Landweins als fruchtiger, schöner Alltagswein, der im Stahltank oder im großen Holzfass ausgebaut wird, ist sehr beliebt. Eine Form des Pinots übrigens, die eine Renaissance erlebt, denn die Weine bieten Genuss zu erschwinglichen Preisen. Aber nun die nächste Stufe: die klassische Auslese. Das selektionierte Traubengut stellt die Basis dar, vinifiziert in großen Holzfässern oder gebrauchten Barriques. Und das Aushängeschild vieler Güter ist die »Barrique-Selektion«: komplexe Crus mit feiner Gerbstoffstruktur und großem Reifepotenzial.

Dass bei so viel Weinkultur die Kulinarik nicht zu kurz kommt, liegt in der Natur der Sache. Und weil es bei einem Glamping-Aufenthalt auch mal richtig glamourös sein darf, sollte ein Besuch bei Küchenchef Christian Kuchler im Restaurant »Taverne zum Schäfli« in Wigoltingen unbedingt auf der Bucketlist stehen. Seine Kreationen wurden mit 18 Gault-Millau-Punkten und 2 Michelin-Sternen ausgezeichnet.

Adresse Camping Wagenhausen, Hauptstraße 82, CH-8259 Wagenhausen, www.campingwagenhausen.ch | Anfahrt auf der A 1 und der A 4 bis zur Ausfahrt Kleinandelfingen, dann weiter Richtung Stein am Rhein / Ossingen | Öffnungszeiten März – Okt.

111 Das Iglu-Dorf

Eine unvergessliche Nacht auf Eis

Glamping liegt vor allem während der Sommermonate voll im Trend. Eine Ausnahme sei aber gestattet: die Übernachtung im Iglu-Dorf Zermatt auf über 2.700 Meter Höhe bei Minustemperaturen mitten im eisigen Winter. Natürlich an einem ganz besonders exklusiven Platz: am Fuß des Matterhorns. Ein Erlebnis für Wintersportler, Outdoorfreaks, Schneemonster, Mondsüchtige, Fondue-Liebhaber und alle, die eine unbeschreibliche Nacht erleben möchten.

Hoch über Zermatt liegt das kunstvoll gestaltete Iglu-Dorf, das die Gäste mit der Gornergratbahn und nach einem Fußmarsch von etwa 15 Minuten erreichen. Oft wird behauptet, dass das Matterhorn hier oben besonders laut rufe. Sei es von der Sonnenterrasse, der Bar oder vom Whirlpool aus, sei es bei Sonnenuntergang oder -aufgang, bei Voll- oder Halbmond, mit oder ohne Wolken, das »Horu«, wie das Matterhorn in Zermatt liebevoll genannt wird, fasziniert in allen Lagen.

Für Familien oder Freunde im Mehrbettzimmer, für Paare im Romantik-Iglu oder in der exklusiven Suite mit privatem Whirlpool – das Angebot des Schneehotels ist vielfältig, innovativ und kreativ. Winter für Winter wird das Iglu-Dorf neu gebaut. Und internationale Kunstschaffende verzieren die eisigen Räume mit viel Liebe zum Detail – so entstehen zauberhafte Welten aus Schnee und Eis.

Vielleicht wird die Nasenspitze etwas kalt, aber alles andere bleibt warm. Jedes Iglu-Zimmer ist mit einer Thermomatte und einem Expeditionsschlafsack für Temperaturen bis minus 40 Grad Celsius ausgestattet. Das eiskalte Abenteuer macht nicht nur Spaß, sondern bietet noch einige weitere tolle Erlebnisse. Wärmstens empfohlen seien die Sauna, der Whirlpool, eine kurze Schneeschuhwanderung oder einfach ein Drink. Die Seele baumeln lassen und die Sicht auf einen der schönsten Berge der Welt genießen. Denn das Matterhorn zeigt sich hier oben von seiner besten Seite.

Adresse Iglu-Dorf Zermatt, CH-3920 Zermatt, www.iglu-dorf.com | Anfahrt mit der Bahn bis Zermatt; mit dem Auto bis Täsch, dann mit dem Pendelzug bis Zermatt und mit der Gornergratbahn bis zur Station Rotenboden zum Treffpunkt für die Iglu-Übernachtung | Öffnungszeiten während der Wintersaison

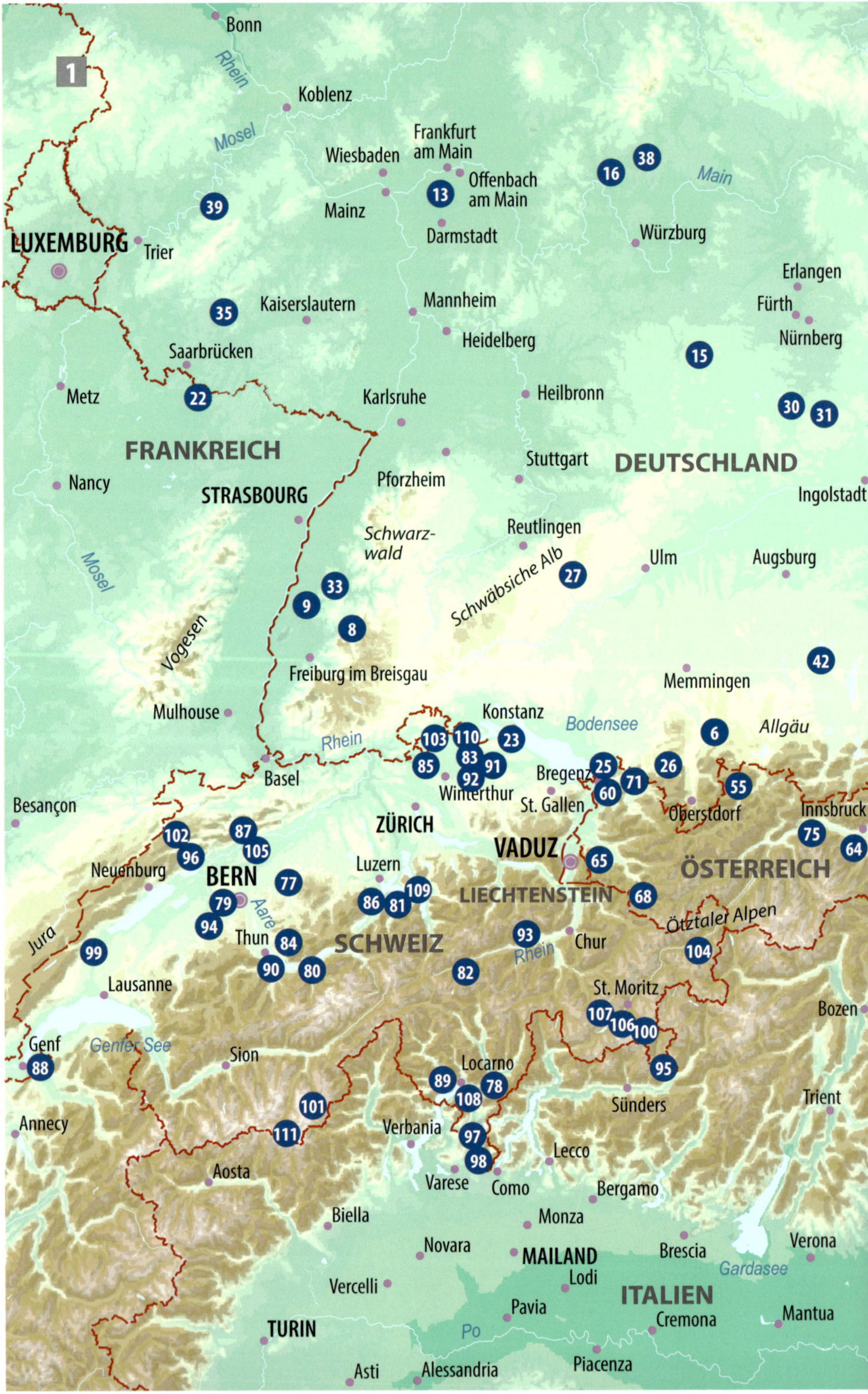
1
Bonn
Rhein
Koblenz
Mosel
Frankfurt am Main
Wiesbaden
Offenbach am Main
Mainz
Darmstadt
Main
Würzburg
LUXEMBURG
Trier
Erlangen
Fürth
Nürnberg
Kaiserslautern
Mannheim
Heidelberg
Saarbrücken
Metz
Heilbronn
Karlsruhe
FRANKREICH
Stuttgart
DEUTSCHLAND
Nancy
Pforzheim
Ingolstadt
STRASBOURG
Schwarz-wald
Reutlingen
Schwäbische Alb
Ulm
Augsburg
Mosel
Vogesen
Freiburg im Breisgau
Memmingen
Mulhouse
Konstanz
Bodensee
Allgäu
Rhein
Basel
Bregenz
Winterthur
St. Gallen
Oberstdorf
Innsbruck
Besançon
ZÜRICH
VADUZ
Luzern
ÖSTERREICH
Neuenburg
BERN
Aare
LIECHTENSTEIN
Ötztaler Alpen
Jura
Thun
SCHWEIZ
Chur
Rhein
Lausanne
St. Moritz
Bozen
Genf
Genfer See
Sion
Locarno
Sünders
Trient
Annecy
Verbania
Lecco
Aosta
Varese
Como
Bergamo
Biella
Monza
Novara
MAILAND
Brescia
Verona
Gardasee
Vercelli
Lodi
ITALIEN
Pavia
Cremona
Mantua
TURIN
Po
Asti
Alessandria
Piacenza

1
2
Erzgebirge
Ústí nad Labem
Hradec Králové
PRAG
Carlsbad
Pardubice
Plzeň
TSCHECHISCHE REPUBLIK
Jihlava
Vltava
Brno
Bayerischer Wald
Regensburg
Donau
73
Passau
63
Linz
WIEN
47
74
Wels
MÜNCHEN
Enns
48
61
67
Salzburg
ÖSTERREICH
69
Kufstein
58
4
72
54
Wörgl
52
57
Kitzbühel
Bischofshofen
Niedere Tauern
Szombathely
Leoben
49
50
76
66
Mur
Graz
56
Hohe Tauern
51
46
Drau
62
70
Klagenfurt
Maribor
59
Villach
Drava
53
SLOWENIEN
Dolomiten
ITALIEN
Udine
Sava
ZAGREB
LJUBLJANA
Pordenone
Karts
Triest
Treviso
Kupa
Vicenza
Mestre
Sava
KROATIEN
VENEDIG
Rijeka
Padua
Rovigo
Po
Pula
Bihać

3
DÄNE-MARK
SCHWEDEN
KOPENHAGEN
Aarhus
Horsens
Vejle
Helsingborg
Malmö
Esbjerg
Kolding
Odense
Zealand
Funen
Bornholm
Sylt
Kieler Bucht
Helgoland
Kiel
Rostock
Lübeck
Friesische Inseln
Bremerhaven
HAMBURG
Stettin
Schwerin
Groningen
Elbe
NIEDER-LANDE
Oldenburg
Bremen
POLEN
BERLIN
Weser
Aller
Hanover
Wolfsburg
Enschede
Osnabrück
Potsdam
Hildesheim
Münster
Bielefeld
Salzgitter
Magdeburg
Reckling-hausen
Hamm
Paderborn
Harz
Bottrop
Dortmund
Göttingen
Halle
Moers
Essen
Hagen
Kassel
Leipzig
Werra
Düsseldorf
Wuppertal
Dresden
Fulda
Erfurt
Jena
Chemnitz
Köln
Siegen
1
2
Liberec
Bonn
Ústí nad Labem
DEUTSCHLAND
Rhein
Erzgebirge
Koblenz
PRAG
Frankfurt am Main
Mosel
Wiesbaden
Carlsbad
Offenbach am Main
Main
Mainz
Trier
Darmstadt
Würzburg
Plzeň
Erlangen
TSCHECHISCHE REPUBLIK
Kaiserslautern
Mannheim
Fürth
Vltava
Heidelberg
Nürnberg
Saarbrücken
Regensburg
Bayerischer Wald
Karlsruhe
Heilbronn
Donau
Stuttgart
Pforzheim
Ingolstadt
STRASBOURG
Schwarz-wald
Reutlingen
Ulm
Augsburg
Linz
Vogesen
MÜNCHEN
Enns
Freiburg im Breisgau
Salzburg
Mulhouse
Bodensee
ÖSTERREICH
Basel
Rhein
ZURICH
SCHWEIZ
Innsbruck
VADUZ
Mur
BERN
LIECHTENSTEIN

Michael Moll
111 westdeutsche Wohnmobilstellplätze, die man kennen muss
ISBN 978-3-7408-1744-2

Michael Moll
111 norddeutsche Campingplätze, die man kennen muss
ISBN 978-3-7408-1266-9

Michael Moll
111 deutsche Campingplätze, die man kennen muss
ISBN 978-3-7408-1170-9

Martin Bierobelix Seidl, Martin Droschke
111 Biere aus Österreich, die man getrunken haben muss
ISBN 978-3-7408-2114-2

Susanne Gurschler
111 Orte in Tirol, die man gesehen haben muss
ISBN 978-3-7408-2030-5

Kirsten Elsner-Schichor
111 Orte im Nordschwarzwald, die man gesehen haben muss
ISBN 978-3-7408-2125-8

Bernd Flessner
111 Orte in der Oberpfalz, die man gesehen haben muss
ISBN 978-3-7408-2122-7

Petra Wochnik
111 Orte auf Langeoog, die man gesehen haben muss
ISBN 978-3-7408-2156-2

Bernadette Németh
111 Orte rund um den Neusiedler See, die man gesehen haben muss
ISBN 978-3-7408-2157-9

Jana Jürß
111 Orte an der Mecklen-burgischen Seenplatte, die man gesehen haben muss
ISBN 978-3-7408-2031-2

Susanne Jagusch,
Rudolf Jagusch
111 Orte im Vogtland, die man gesehen haben muss
ISBN 978-3-7408-1841-8

Erwin Ulmer
111 Orte im Hegau, die man gesehen haben muss
ISBN 978-3-7408-2117-3

Jörg Dauscher
111 Orte in Bozen, die man gesehen haben muss
ISBN 978-3-7408-1897-5

Lothar Simmank
111 Mal lecker essen in Nordhessen – Wo's schmegged
ISBN 978-3-7408-2061-9

Sina Beerwald
22 Touren auf Föhr, die man gemacht haben muss
ISBN 978-3-7408-2082-4

Martin Nusch
111 Mal mit WDR 2 raus in den Westen, Band 3
ISBN 978-3-7408-2090-9

Thomas Rosky
111 (Klein)Gartenlokale in und um München, die man kennen muss
ISBN 978-3-7408-1453-3

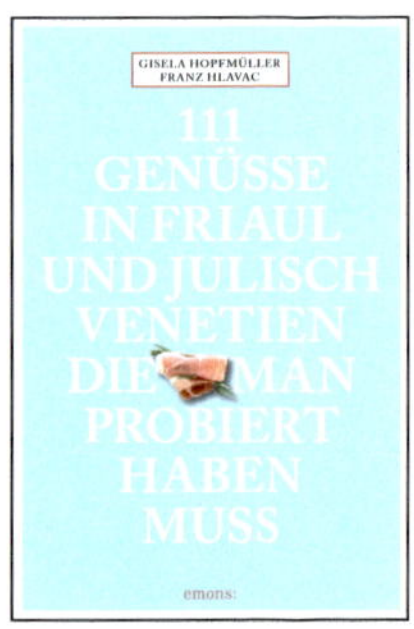

Gisela Hopfmüller, Franz Hlavac
111 Genüsse in Friaul und Julisch Venetien, die man probiert haben muss
ISBN 978-3-7408-2022-0

Kerstin Söder
111 Orte in und um Rothenburg, die man gesehen haben muss
ISBN 978-3-7408-2068-8

Robert Preis
111 Orte in der Steiermark, die man gesehen haben muss, komplett neuer Band
ISBN 978-3-7408-2115-9

Priska Lachmann
111 Orte in Leipzig, die man gesehen haben muss
ISBN 978-3-7408-2005-3

Christina Kuhn, Christian Löhden
111 Orte in der Pfalz, die man gesehen haben muss
ISBN 978-3-7408-2120-3

Giulia Castelli Gattinara
111 Orte in den Dolomiten, die man gesehen haben muss
ISBN 978-3-7408-1972-9

Christoph Schrahe, Jimmy Petterson, Patrick Thorne
111 Skipisten in Europa, die man gefahren sein muss
ISBN 978-3-7408-1518-9

Anjana Gill
111 Impulse für ein glückliches Leben
ISBN 978-3-7408-1747-3

Regina Urbach
111 Orte in Speyer, die man gesehen haben muss
ISBN 978-3-7408-1508-0

Daniel Robbel, Dirk Unschuld
111 Orte im Ahrtal, die man gesehen haben muss
ISBN 978-3-7408-1982-8

Jochen Reiss
111 Orte im Fünfseenland, die man gesehen haben muss
ISBN 978-3-7408-2247-7

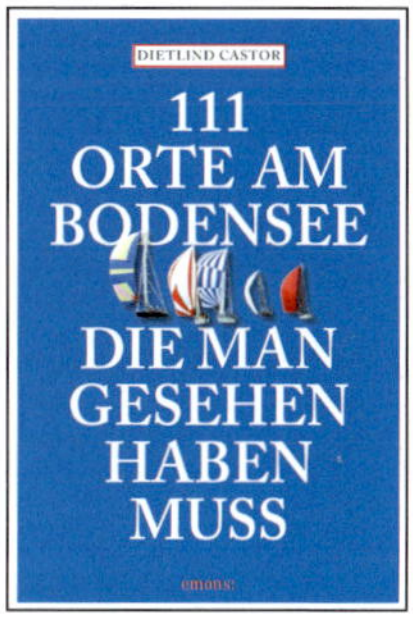

Dietlind Castor
111 Orte am Bodensee, die man gesehen haben muss
ISBN 978-3-7408-2232-3

Jochen Reiss
111 Orte in Hamburg, die man gesehen haben muss
ISBN 978-3-7408-2241-5

Evelyn Pschak von Rebay
111 Mal sauguad essen in München
ISBN 978-3-7408-2202-6

Reiner Vogel
111 Orte in Niederbayern, die man gesehen haben muss
ISBN 978-3-7408-2198-2

Tim Frühling
111 Orte in Mittelhessen, die man gesehen haben muss
ISBN 978-3-7408-2179-1

HP Mayer
111 Orte im Rheingau, die man gesehen haben muss
ISBN 978-3-7408-2200-2

Maren Kaschner, Anselm Neft
111 Orte auf Rügen, die man gesehen haben muss
ISBN 978-3-7408-2131-9

Uwe Grießmann, Sonja Klima
111 Orte in und um Hildesheim, die man gesehen haben muss
ISBN 978-3-7408-2130-2

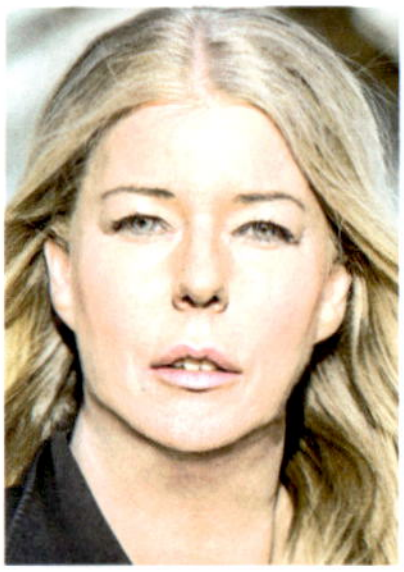

Simone Leitner ist Journalistin, Texterin und Publizistin. Die Schweizerin lancierte verschiedene Print- und Onlinemagazine für die Wirtschaft und Tourismusbranche. Ihre Leidenschaft gilt dem Reise- und Golfjournalismus, den Trends in der Hotellerie und Gastronomie. Sie lebt und arbeitet in Solothurn.